할랄인증,
황금열쇠인가?
Defining the Halal Iindustry

할랄인증,
황금열쇠인가?
Defining the Halal Industry

황 중 서 지음

한국문화사

■ 서문

교통통신의 발달로 300여 개가 넘는 국가들을 하나의 지구촌global village으로 형성하며 수렴되어가고 있지만, 각국이 갖고 있는 고유문화는 큰 변화가 없다.

금년들어 매스컴에서 약방의 감초처럼 빠지지 않고 등장하는 단어는 '할랄!'이다.

일반인들에게 너무나도 생소한 아랍어 할랄이라는 단어가 화두처럼 등장한 이유는 무엇일까? 왜 이슬람문화에서 적용되는 개념이 문제가 되고 있는 것인가에 대해 알아볼 필요가 있다.

할랄이란 신이 허락한permitted 것을 의미하는데 이는 무슬림의 의식주와 생활규범을 관장하는 총체적 개념이다. 다만 우리 눈에 가장 쉽게 띄는 현상이 주로 식품의 소비와 관련이 있다 보니 할랄이라고 하면 음식을 떠올리는 경향이 있는데 이는 할랄을 잘못 이해하고 있는 것이다.

대통령은 "농업분야를 FTA를 발판 삼아 중국·동남아를 넘어서 할랄시장까지도 진출할 수 있는 수출산업으로 키워 나가겠다"는 취지로 중동 4개국을 방문하여 '한-UAE 농업 및 할랄식품 산업협력 양해각서'를 체결하고 후속조치로 한국식품연구원 내 '할랄식품사업단'을 구성하였다. 결국 정부는 '할랄'을 식품부문으로 좁게 해석하였고, 따라서 농림축산식품부와 그 산하기관들을 할랄을 전담하는 중심부서로 만들었다.

이것은 할랄을 제대로 이해하지 못한 결과라고 볼 수 있다. 할랄은 할랄식품뿐만 아니고, 할랄의약품, 할랄화장품, 할랄관광, 할랄유통 및 할랄금융 등 전 산업에서 적용되는 개념이기 때문에 특정 정부부처에서 전담하는 것은 문제가 있을 수 있다. 따라서 전 산업을 아우를 수 있는 범정부적인 조직을 만들어야 한다.

현재 많은 중소기업이 할랄인증을 받기 위해 촉각을 곤두세우고 있다. 그러나 전 세계적으로 300개가 넘는 인증기관에 관한 정보와 어떤 기관이 영향력 있는 기관인지에 대한 정보가 너무 빈약하다. 할랄인증이 무엇인지 제대로 모르고 그저 할랄인증만 받으면 모든 이슬람권국가에 수출할 수 있는 황금열쇠로 생각하고 있다. 그러나 이 역시 잘못된 생각이다. 국가마다 요구하는 할랄인증이 다르기 때문에 바로 알고 접근해야 한다.

본서를 기획하고 집필하면서 한국문화사의 제안으로 우수출판콘텐츠 지원사업에 응모하여 선정되었는데 이는 할랄에 대한 국민적 관심이 그만큼 높은 것이라 생각하였다.

집필 과정에 여러 사람의 도움을 받았는데, 많은 자료를 제공해주신 비즈홀딩스 대표 캐서린 유와 할랄산업연구원 노장서 박사, 초고의 교정에 도움 준 친구 박동수 그리고 사랑하는 가족들에게 감사를 표한다. 특히 조카사위 이스마엘은 외국인 무슬림으로 집필과정 중 종교적인 해석에 많은 조언을 해주었다. 모든 분께 다시 한 번 깊은 감사를 표한다.

본서의 집필을 허락해주신 한국문화사 김진수 사장 그리고 모든 임직원의 노력에 감사드린다.

2015년 10월 30일

황 중 서

■ 차례

■ 서문 / v

제1부
할랄이 떠오른다

제1장 할랄이 왜 이슈로 떠올랐나? ·· 3
제1절 박근혜 대통령의 중동순방과 할랄 ······················· 3
제2절 UAE와의 할랄식품 산업 협력 MOU의 의미 ············· 10

제2장 할랄산업과 할랄시장 ·· 18
제1절 할랄식품과 할랄산업 ······································ 18
제2절 말레이시아를 통해 본 할랄산업의 구성 ················ 21
제3절 할랄산업의 구성 ··· 22
제4절 할랄시장의 규모 ··· 58

제2부
이슬람의 이해와 할랄

제3장 이슬람과 할랄 ··· 71
제1절 할랄, 하람, 마쉬부흐 그리고 나지스의 의미 ············ 71
제2절 이슬람법에서의 할랄규정 ································· 75
제3절 문화적 의미에서 본 할랄과 하람의 파생원리 ··········· 76
제4절 할랄과 하람의 구별은 누가 하는가? ····················· 82
제5절 할랄과 하람은 영원불변인가? ···························· 87

제4장 이슬람, 중동, 아랍의 차이 ·· 93

차례 | vii

제5장 이슬람교의 이해 ·· 98

제6장 이슬람의 종파 ·· 105

제7장 이슬람의 생활 ·· 115
    제1절 이슬람의 의생활 ·· 115
    제2절 이슬람교의 예배의 중요성 ······························ 122

제3부
주요 국가의 할랄인증제도

제8장 말레이시아의 JAKIM ··· 129
    제1절 말레이시아의 시장 현황과 할랄인증 ················ 129
    제2절 말레이시아 할랄인증의 이모저모 ····················· 136
    제3절 말레이시아 JAKIM의 인증제도 ······················· 138
    제4절 말레이시아의 주요 분야별 인증기준 ················ 142
    제5절 우리나라 기업의 말레이시아 인증 취득현황 ····· 146

제9장 인도네시아의 MUI ·· 152
    제1절 인도네시아의 시장현황과 할랄인증 ················· 152
    제2절 인도네시아의 할랄인증제도 ···························· 154
    제3절 인도네시아의 할랄 관련 표준규격 ··················· 155
    제4절 인도네시아의 할랄인증절차 ···························· 156
    제5절 인도네시아의 해외 할랄인증기관 ···················· 158

제10장 싱가포르의 MUIS ·· 161

제11장 태국의 CICOT ··· 165
    제1절 태국의 할랄인증제도 개괄 ······························ 165
    제2절 태국의 할랄인증절차 ······································ 166

할랄인증, 황금열쇠인가?

제12장 우리나라의 KMF ·· 169
  제1절 우리나라 이슬람의 역사 ······························· 169
  제2절 KMF의 할랄인증 ·· 170
  제3절 KMF의 할랄인증방법 ······································ 171

제13장 할랄인증의 표준화 ······································ 174
  제1절 현행 할랄인증의 문제점 ································· 174
  제2절 OIC와 SMIIC ·· 176
  제3절 IHI Alliance ··· 178

제4부
할랄산업의 발전과 과제

제14장 우리나라의 할랄산업의 발전과제 ··············· 183
  ■ 부록 1 JAKIM이 인정한 해외 할랄인증기관 ············· 189
  ■ 부록 2 할랄식품 - 생산, 준비, 처리와 저장에 관한 일반지침 ··· 213
  ■ 부록 3 FAO의 '할랄' 용어 사용에 관한 일반지침 ········ 224
  ■ 부록 4 인도네시아 할랄 가이드라인 ······················· 228
  ■ 부록 5 무슬림 우호적 서비스의 요구조건 ·············· 235
  ■ 부록 6 반추동물 및 가금류 도축시의 기절법 사용조건 ········ 247
  ■ 부록 7 나지스(무갈라자)의 샤리아 세척의례 ·········· 250

■ 참고문헌 ·· 251

■ 용어설명 ·· 257

제1부

할랄이 떠오른다

제1장 할랄이 왜 이슈로 떠올랐나?
제2장 할랄산업과 할랄시장

제1장 할랄이 왜 이슈로 떠올랐나?

제1절 박근혜 대통령의 중동순방과 할랄

  2015년 1월 12일 박근혜 대통령은 신년기자회견에서 "농업 분야가 FTA를 발판 삼아 중국·동남아를 넘어서 할랄시장까지도 진출할 수 있는 수출산업으로 키워 나가겠다."고 발표함을 시작으로 국민의 귀에 할랄Halal이라는 생소한 단어를 인식시켰다.

  이어 3월 1일부터 9일까지 이루어진 쿠웨이트, 사우디아라비아, 아랍에미리트UAE, 카타르 등 중동 4개국 순방 중 한-UAE 할랄식품 협력 MOU를 체결하게 되었다.[1] 이러한 순방외교를 구체적으로 구현하기 위한 조치로서 농림축산식품부 산하 한국식품연구원에 할랄식품사업단을 설치한다는 발표를 하기에 이르렀다.

  이러한 발 빠른 행보는 1,200조 원에 달하는 할랄식품을 수출 주력상품의 하나로 키우기 위한 것이며,[2] 1970년대 중동 붐에 이은 '제2의 중동 붐'

---

[1] 1970년대에는 중동건설 붐으로 인하여 두 차례에 걸친 석유파동에도 불구하고 우리 경제가 눈부신 발전을 이룩한 것과 마찬가지로 이번 순방에는 역대 최대 규모인 115개 기업·기관으로 구성된 경제인단과 함께 방문함으로써 적극적인 '세일즈외교'를 펼쳤다.

[2] 2012년 기준으로 세계 할랄식품 시장 규모는 1조 880억 달러(약 1,200조 원)이다.

조성을 위한 장기적 포석의 하나라고 볼 수 있다.

현재 중동 여러 국가들은 포스트 오일시대post oil era를 대비해 산업 다각화를 적극적으로 추진하고 있는 실정이다. 다시 말해, 대부분 중동국가들은 산유국으로서 그동안 축적된 어마어마한 오일머니oil money를 이용하여 석유고갈에 대비한 새로운 먹거리를 찾고 있다.

우리가 그동안 중동지역에 진출하였던 분야는 건설과 플랜트가 주를 이루었으나, 이제 중동국가들이 포스트 오일시대를 대비해서 관심이 있는 사업 분야는 한류문화, 의료3, 정보통신기술ICT, 원자력, 신재생에너지, 교육 및 식품 등으로 확산되어 가고 있다.

물론 2015년 초의 중동순방의 가장 근본 목적은 카타르 월드컵(2022)이나 두바이 엑스포(2020) 등 건설산업의 굵직한 행사가 예정되어 있고, 그동안 우리의 중동시장 진출 기반이 건설과 플랜트 등을 위주로 이루어졌기 때문이다. 그동안 우리 기업들이 경쟁력을 가진 건설 및 플랜트분야를 고려한 것이기도 하지만 이면에는 포스트 오일시대를 대비하고자 하는 중동 산유국들의 막대한 투자에 우리 기업이 선점 효과를 노리기 위한 포석으로 볼 수 있다.

70년대 우리 경제가 2차례의 석유파동oil shock에도 불구하고 '제1의 중동 붐'을 건설 부문에서 이룩함으로써 '한강의 기적'을 일으키며 급성장한 것에 비추어 '제2의 중동 붐'의 키워드는 의료, 스마트원전, 할랄산업

할랄시장의 주요 소비층인 이슬람 신자가 전 세계 인구의 25%인 18억 명에 달하고 전 세계 140개국에 거주하면서 거대한 글로벌 시장을 형성하고 있기 때문이다. 이들은 이슬람 경전인 쿠란이 허용한 할랄 식품만을 먹고 있다. 할랄식품 시장 규모는 전 세계 식품·음료시장의 17%인 1조 880억 달러로, 2018년에는 1조 6,260억 달러까지 성장할 것으로 보인다. http://www.agrinet.co.kr/news/articleView.html?idxno=135942

3   서울대병원은 2015년 2월 아랍에미리트에 병원을 건립하였고, 왕실로부터 왕립병원으로 지정돼 해마다 2,000억 원이 넘는 지원금을 받고 있다.

등 세 가지로 표현할 수가 있다.

　박근혜 대통령은 중동 순방일정 중 UAE에 문을 연 서울대병원을 방문해 현지 파견 의료진들을 만나 제2 중동 붐의 첨병 역할을 주문하면서 "여러분이 제2의 한강의 기적을 일으키는, 또 한 번 국가 경제가 부흥하고 도약을 이루는 주인공이 되시지 않을까 기대하고 있다"는 치사를 한 바 있다. 서울대병원은 이번 개원을 계기로 우리나라 병원 수출 1호를 받게 되었으며, 암, 심장, 신경, 재활, 응급 분야 등의 진료 분야를 중심으로 위탁관리에 들어가 5년간 1조 원에 달하는 지원금과 1,450여 명의 의료진 중 15~20%를 한국 의료진으로 구성하며, 병원관리 시스템의 구축, 진단·치료 및 현지 의료인 교육 등 경영 전반에 우리의 앞선 의료기술을 선보이게 되었다.

/ 그림 1 / 서울대병원이 운영하는 UAE의 셰이크 칼리파 왕립병원

제2 중동 붐의 2번째 키워드는 스마트원전과 건설플랜트이다. 우리나라는 사우디아라비아에 국내 독자기술로 개발한 중소형 원전 스마트SMART 원자로 2기(약 2조 2,000억 원 규모)를 기술협력 형태로 수출하는 MOU를 체결하고, 이후 사우디아라비아와 공동으로 제3국 수출을 추진해 세계 중소형 원자로 시장을 선점한다는 계획이다. 사우디 전력공사가 발주하는 30억 달러 프로젝트에 양국 공동 금융지원을 결정해 한국 기업의 수주 발판도 마련했다. 이번 정상회담을 계기로 사우디아라비아에서 수주가 기대되는 금액은 총 54억 달러(약 6조 원) 규모라고 청와대는 밝힌 바 있다. 특히 카타르 월드컵(2022)이나 두바이 엑스포(2020) 개최가 확정됨으로써 건설수요가 증가할 것이라는 것도 우리 경제에 큰 의미를 가져올 수 있다.

마지막으로 세 번째 키워드는 할랄산업이다. 2015년 연두 기자회견에서 할랄식품을 언급한 것은 연간 8조 원대에 이르는 할랄식품시장을 염두에 둔 발언이며, 중동방문 중 UAE와 '농업 및 할랄식품 산업 협력양해각서'4의 후속조치로 불과 며칠 되지 않아 2015년 3월 12일 농림축산식품부의 한국식품연구원은 한국이슬람교중앙회KMF: Korea Muslim Federation 간 할랄식품산업 발전을 위한 업무협약MOU을 체결하고 '할랄식품사업단'을 발족시킨 것이다.

이러한 움직임은 대장금과 같은 한국 드라마와 K-Pop으로 촉발된 한류 분위기를 적극적으로 활용하여 이슬람 시장을 겨냥한 라면과 김, 햇반 등 우리 식품의 수출을 확대하고, 장류 등 가공식품5을 이슬람의 입

4　UAE는 정부 주도로 6개 국가로 구성된 걸프협력회의GCC: Gulf Cooperation Council 와 이슬람회의기구OIC: Organization of Islamic Conference(57개국)가 국가의 할랄인증표준화를 주도하고 있다.
5　장류醬類 등 우리 전통식품은 발효과정에서 자연적으로 알코올이 생성되는데,

맛에 맞춤으로써 수출시장을 더욱 확대하려는 장기적 포석으로 해석할 수 있다.

'한-UAE 할랄식품 협력 MOU'의 내용은 우리가 UAE로 수출하는 식품 관련 정보를 공유하고 인증체계를 마련해 나가는 것이 핵심이다. 한국의 식품 클러스터와 연계된 할랄푸드 테마파크 조성 등을 위해 노력한다는 내용도 포함되어 있다.

한-UAE MOU 주요내용

할랄식품 협력
1. 할랄식품 시장 동향에 대한 정보 교환
2. 할랄식품 개발 및 할랄식품 분야 교류 증진을 위한 정보·기술 공유
3. 양국의 할랄식품 인증기준에 대한 의견 교환
4. 국가식품클러스터(전북 익산) 내 할랄푸드 파크 개발을 위한 정보·기술 공유
5. 기타 양측이 서로 합의한 분야

농업 협력
1. 양국의 농업과 식품정책에 관한 정보 교환
2. 양국 간 식문화에 관한 정보 교환
3. 양국의 농업제도 및 식품산업 발전을 위한 정보·기술 교환
4. 특화된 분야에 대한 상호 협력
   (1) 지속 가능한 농업 생산시스템
   (2) 바이오농산물 및 유기농식품 생산
   (3) 식품의 품질과 안전
5. 아랍에미리트연합국 대추야자 과수원의 야자 왕바구미(red palm weevil) 개체군 동태모델 개발
6. 기타 양국의 당사자가 공동 결정 및 합의한 상호 협력 분야

이슬람국가에서는 이러한 미세한 알코올 성분조차도 금기하기 때문에 무알코올의 장류를 개발할 필요가 있다.

/ 그림 2 / 샤일라를 착용한 박근혜 대통령
출처 : http://blog.president.go.kr

이번 사우디아라비아 순방에서 여성수행원들이 근접 경호의 어려움에도 불구하고 사우디전통의상인 아바야Abaya6를 착용케 하고, 대통령 또한 UAE 최대 이슬람 사원인 '그랜드 모스크'에서는 샤일라Shayla7를 착용하는 파격을 선보였는데 이는 그만큼 중동 국가뿐만 아니라 이슬람 국가에 대한 수출시장 확대가 국민경제발전에 그만큼 절박한 화두라는 것을 드러낸 행보라고 볼 수 있다.

안종범 청와대 경제수석은 "이슬람권 할랄식품 시장 규모는 2012년 기준 총 1조 880억 달러에 달한다"며 "이번 MOU를 계기로 한국은 할랄식품 수출을 2017년까지 현재의 두 배인 총 12억 달러 규모로 확대할

---

6 아바야는 이슬람권 지역에서 여성들이 입는 검은 망토 모양의 의상을 말한다.
7 '여성은 머리카락이 보이면 안 된다'는 쿠란의 규정에 따라 걸프지역의 여성 무슬림들이 머리에 두르는 직사각형의 스카프를 말한다. 샤일라는 머리를 감싸고, 어깨 부분은 걷어 올려서 두르거나 핀으로 고정시킨다.

전망"이라고 설명했다. 또한, "할랄시장은 그간 생소했으나 UAE 진출을 계기로 다른 중동 국가는 물론 인도네시아 말레이시아 등 이슬람 인구가 많은 동남아 시장으로의 진출도 빨라질 것이며, 현재 우리의 중동지역 식품 수출은 주로 할랄식품이 아닌 담배, 커피 등인데 앞으로 농수산 식품 전반으로 확대해 나갈 수 있을 것"이라고 설명하기도 했다.

박 대통령은 모하메드 왕세제에게 앞으로 UAE가 발주하는 프로젝트에 한국 기업의 참여 기회를 달라고 당부했다. 청와대는 한국 기업이 기대하는 사업은 3개 광구 유전개발사업, 두바이 건강검진센터 건립운영사업 등 230억 달러 규모로 추정된다고 자료를 통해 밝혔다. 또 양국은 원전과 신재생에너지 등의 분야에서 중동과 아프리카 지역에 공동 진출하는 데 협력해 나가기로 했다. 한편 박 대통령은 이날 UAE 국영뉴스통신사인 WAM과 인터뷰하면서 "양국 협력이 새로운 시장 개척이라는 새 공동 협력 패러다임으로 이어지길 기대한다"고 강조했다.

순방 이후, 3월 19일 열린 '제7차 무역투자진흥회의'에서 정부가 발표한 '중동순방 성과 이행 및 확산방안'에 따르면 1조 원대의 수출·수주 그리고 메가프로젝트 수주 기반 마련 등 4개국 정상들과의 회담을 계기로 에너지 14건을 비롯해 보건의료(5건), 금융투자(8건), 정보기술(IT) 창조경제(9건), 건설교통(3건), 농업식품(2건), 문화기타(3건) 총 44건의 양해각서MOU 체결 및 협력 분야 다변화의 성과를 이끌어냈다고 밝힌 바 있다.

/ 표 1/ 2015년 3월 박근혜 대통령의 중동순방 경제효과

	쿠웨이트	사우디	UAE	카타르	계
우리 참여기업(개)	28	22	42	23	115
상대국 바이어(명)	92	64	62	46	264
계약(건)	13	11	12	8	44
계약추진액(백만 달러)	132	400	274	100	906

제2절 UAE와의 할랄식품 산업 협력 MOU의 의미

　박근혜 대통령은 2015년 3월 일 모하메드 왕세제와 정상회담을 갖고 '한-UAE 농업 및 할랄식품 협력 양해각서MOU'를 체결했다. 할랄식품과 관련해 우리 정부가 외국과 협약을 체결한 것은 이번이 처음이다.

　특히 UAE가 걸프 6개국GCC의 할랄인증기준 통일과 이슬람회의기구OIC 57개 회원국의 할랄식품 인증을 주도하고 있으므로 이번 협약이 지니는 의미는 상당하다고 볼 수 있다.

　현재 전 세계에는 약 300개의 할랄인증기관이 존재하고 있는 것으로 추정되는데 대부분의 할랄인증기관들이 이슬람 종교기관이나 이슬람협회, NGO 등으로 구성되어 있고, 각각 이슬람율법에 따라 할랄인증을 행하고 있기는 하지만 국가나 기관별로 제각기 다른 할랄인증기준을 적용하고 있고, 또한 대부분이 민간기관이다 보니 국제적인 공신력에도 문제가 있는 상황이다.[8]

　현재 말레이시아는 2012년부터 할랄법Halal Act을 시행하여 이슬람개발부JAKIM: Jabatan Kemajuan Islam Malaysia만이 유일한 정부기관으로서 할랄인증사업을 통합하여 시행하고 있으며[9], 세계의 할랄인증의 허브Hub로서의 역할을 도맡기 위하여 2014년 7월 현재 73개의 기관을 인증하고 있고[10], 할랄산업개발공사HDC: Halal Industry Development Corporation을 설립하여 할랄산업

---

[8] 우리나라에도 KMF 이외에 다수의 할랄 로고가 있는 것으로 조사되고 있으며, 이들의 국제적 공인도는 누구도 보장할 수 없다. 세계적인 공인이 아니라 자체적 기준에 의해서도 할랄인증을 할 수 있다는 점을 간과해서는 안 된다.

[9] 말레이시아도 2012년까지는 다수의 할랄인증기관이 있었으나 모두 인증자격을 박탈하여 정부 주도 사업으로 전환하였으며, 세계 할랄허브를 구축하기 위하여 이미 2006년부터 할랄산업개발공사HDC: Halal Development Corporation를 설립하고 20여 개의 할랄파크Halal Parks를 조성하여 할랄 산업분야의 외국인투자를 장려해 왔다.

[10] <부록 1> 참조.

육성, 할랄인증 관련 교육 및 컨설팅 등 활발한 활동을 보이고 있다.

/ 그림 3 / 한-UAE 농업 및 할랄식품 협력 양해각서(MOU)

/ 표 2 / 말레이시아의 HDC와 JAKIM의 업무분장

	HDC(할랄산업개발공사)	JAKIM(이슬람개발부)
영문명	Halal Industry Development Corporation	Department of Islamic Development Malaysia
기능	할랄산업 진흥기관	할랄인증기관
소속	국제통상산업부	총리실
비고	할랄산업 육성, 할랄인증 관련 교육 및 컨설팅	할랄인증

말레이시아의 할랄 선점 노력을 뒤쫓고 있는 인도네시아도 LPPOM -MUI를 통해 40여 개 기관을 인증하였으나, 2014년부터는 할랄제품보장법Undang Jaminan Produk Halal을 제정하면서 새롭게 정부기관인 BPJPHBadan Penyelenggara Jaminan Produk Halal을 설립하고 MUIMajelis Ulama Indonesia는 파트와fatwa, 이슬람율법의 해석11를 행하도록 하였다.

---

11 이슬람율법은 샤리아Sharia법이라고도 하는데, 샤리아란 무함마드 사후 쿠란, 하디스, 이즈마ijma, 이슬람학자 및 지도자의 해석 또는 합의를 기초로 만들어진다. 또한, 파트와fatwa란 이러한 샤리아법에 대한 판결이나 해석을 의미한다.

2014년 9월에 통과된 인도네시아의 할랄제품보장법은 유예기간 5년을 두고 2019년부터는 모든 식품에 할랄인증을 받도록 규정하고 있으며, 할랄인증을 받지 않은 제품은 Non-Halal이라는 표시를 하도록 규정함으로써 종교의 자유를 보장하는 국가라는 점에서 많은 반대 시위가 있음에도 불구하고 이러한 법률을 강행처리한 것은 그만큼 할랄인증에 대해 국가적인 대응전략을 세움으로써 말레이시아의 표준화 및 할랄허브 노력을 잠재우려는 속셈인 것으로 볼 수 있다.

/ 표 3 / 인도네시아의 할랄인증기관과 제도 변화(2014년 이후)

	변경전	변경후
인증기관	민간기관인 LPPOM MUI	정부기관인 BPJPH
구분	획득 권고사항	획득 의무사항
라벨	할랄제품의 Halal라벨 부착	비할랄 제품의 경우에도 Non-Halal 라벨 부착 의무화[12]

인도네시아의 할랄제품보장법의 특징을 요약하면 ① 할랄인증기관이 민간기관에서 정부기관으로 이관된다는 점 ② 할랄인증을 획득하지 못한 품목도 수입이 가능했던 현재와는 다르게 식음료 할랄인증 획득이 의무사항으로 변경되어 앞으로는 수입을 하지 못하게 되었다는 점 ③ 비할랄 제품의 경우에도 Non-Halal이라는 라벨을 부착하는 것이 의무사항이 된다는 것이다.

우리 기업에 있어 더욱 어려운 점은 인도네시아 진출을 위해서는 할랄인증의 획득이 의무가 되었다는 점 이외에도 인증의 획득 방법이 더욱 세분화되고 까다로워졌다는 점이며, 할랄인증을 받지 못한 제품은 아예 수출을 할 수 없다는 점이 큰 문제라고 볼 수 있다. 아직 2019년 본격

---

[12] 5년의 유예기간을 거쳐 2019년부터 본격 시행하게 된다.

시행까지는 시간이 남아 있기는 하지만 수출기업으로서는 큰 애로 요인으로 작용할 수 있다는 것이다. 특히 말레이시아와의 인도네시아의 할랄 허브에 대한 주도권 싸움으로 서로 상대국이 인정한 인증기관을 교차인증하지 않는 등 갈등의 양상마저 보이고 있다.

아직은 해당 법안의 시행이 5년의 유예기간을 가지고 있으므로 그 기간 동안 차근차근 꼼꼼히 준비하여 진출에 애로사항이 없도록 하는 노력이 필요하지만, 현재 인도네시아 할랄인증기관과 한국과는 어떠한 협력관계도 맺어지지 않은 상태이므로, 한국 할랄인증을 획득하였다 하더라도 인도네시아 할랄인증을 추가적으로 재획득해야 하는 어려움에 봉착하게 될 수 있다.

이슬람교가 탄생한 곳이 중동지역임에도 불구하고 말레이시아와 인도네시아에 사실상 주도권을 빼앗기고 있는 중동국가 중 할랄인증에 대해 아주 숨가쁜 행보를 하는 국가가 바로 UAE이다.

UAE도 뒤늦게 이러한 할랄인증사업과 할랄표준의 중요성을 인식하고 2014년부터 표준측량청ESMA: Emirates Standardisation and Metrology Authority은 자체 할랄인증Halal National Mark 제도를 통해 할랄제품 및 서비스의 적정 여부를 평가하겠다는 계획을 발표한 바가 있다. 즉, 2014년 12월부터 UAE 내 유통되는 모든 식품에 ESMA의 할랄인증 표기를 의무화할 것이라고 보도됐으나, 현 단계에서는 제조사 및 수입·유통업체에서 소비자 홍보 수단으로 활용하고자 신청할 경우 심사를 거쳐 할랄인증을 취득할 수 있는 임의인증의 수준에 머물고 있는 상태이다.

그렇다면 왜 UAE가 할랄인증에 촉각을 곤두세우게 되었는가를 살펴볼 필요가 있다.

두바이 상공회의소에 따르면 할랄식품시장은 중동·북아프리카 지역을 중심으로 연평균 6.9%씩 성장해 2018년에는 1조 6,000억 달러 규모에 이를 것으로 전망하고 있으며, 할랄식품 소비자인 무슬림 인구의 증가속도는 비무슬림보다 약 2배 빠른 것으로 나타났으며[13], 2030년에는 세계 인구의 26%인 22억 명에 달할 것으로 전망돼 확고한 소비자층이 형성되는 시장임을 내다보았기 때문이다.

특히 UAE의 할랄식품시장은 2012년 기준 200억 달러(한화 약 23조 원) 규모로, 전체 수요의 85% 이상을 수입에 의존하고 있는데도 수입식품의 할랄 여부를 검증할 UAE 자체 인증제도가 없었다는 점도 크게 작용한 것으로 보인다.

할랄식품의 75% 이상을 차지하는 비포장 육류의 경우 대부분이 호주, 뉴질랜드, 아일랜드, 브라질 등의 비무슬림 국가에서 수입되고 있으나, 통관시 UAE 수자원환경부 Water and Environment Department가 지정한 해외 할랄 인증기관의 인증서의 보유 여부를 확인하는 정도에 그치다 보니 할랄 여부를 진정으로 확인하기 어렵다는 점 또한 자체 인증제도를 추진하는 요인으로 작용한 것으로 보인다.[14]

2015년 2월 UAE의 두바이에서 개최된 식품전문전시회인 걸프푸드 Gulfood에서도 할랄식품이 주요 이슈로 다루어졌으며, 1,000여 명의 할랄 산업 관계자가 참가하여, 육류를 비롯해 가공식품, 에너지드링크, 베지테리언 푸드 등 다양한 종류와 형태의 할랄식품을 선보였다. 한편 이 기간 중 개최된 할랄 투자 컨퍼런스 Halal Investment Conference에서는 할랄과 관련된 식품, 제약, 관광, 금융 등의 비즈니스 기회와 할랄산업이 UAE 경제발전에 미치는 영향, 관련 규제 등이 논의되기도 하였다.

---

[13] 이슬람율법인 샤리아법에 따라 낙태가 금지되고 일부다처제가 허용되어 비이슬람권국가보다 인구증가율이 높을 수밖에 없다.
[14] KOTRA, 글로벌윈도우, http://www.globalwindow.org

특히 두바이 정부는 2013년 세계이슬람총회Global Islamic Economy Summit에 이어 2015년 컨퍼런스에서도 할랄산업에 대한 정부 차원의 관심과 역내의 주도적 역할을 담당하겠다는 의지를 재차 표명함으로써 할랄허브의 욕심을 드러내 놓았다.

UAE의 표준측량청ESMA은 2014년 2월 걸프푸드 전시회를 통해 할랄인증 마크를 공식 런칭했으며, 첫 인증기업으로 샤자Sharjah15의 냉동식품 전문 제조기업 GFIGlobal Food Industries와 아부다비의 음료 및 유제품 제조기업 아그시아Aghthia의 인증식을 수행하고, 향후 자체 할랄인증제도를 단계적으로 시행할 계획이라고 밝혔으며, 1차 시행품목으로 호주 및 뉴질랜드산 생고기 제품을 규제할 예정이라고 밝힘으로써 거간의 속내를 드러내었다.

한편 걸프협력회의GCC: Gulf Cooperation Council16의 회원국이기도 한 UAE는 걸프지역 표준화기구인 걸프표준청GSO: GCC Standardization Organization이 2015년 말부터는 GCC 차원의 할랄인증제도를 도입할 계획이라고 발표하자, 자국이 먼저 할랄표준과 인증사업에 뛰어들면서 GCC 내에서 유력한 위치를 선점하고자 하는 복안도 작용한 것으로 보인다.

결국, UAE는 경제성장의 기반과 문화 및 지리적 이점을 활용해 중동지역의 할랄산업을 육성하고 이를 통해 중동지역의 중심국가가 되고자 하는 것이다. 이미 두바이정부가 2013년 '두바이 이슬람 경제수도 이니셔티브Dubai Capital of Islamic Economy Initiative'를 발표하여 2016년까지 세계 할랄

---

15 아랍에미리트연방의 3번째 규모의 에미리트로서 제조업의 40%를 차지하고 있으며, 주요 산업군으로는 석유화학, 섬유, 피혁, 식품, 비금속산업이다.
16 이란혁명과 소련의 아프가니스탄 침공에 따른 위기감을 배경으로 페르시아만 안의 아랍산유국이 경제·안전보장 등 각 분야에서 역내 협력을 강화하기 위해 1981년 5월에 설립했다. 참가국은 사우디아라비아, 쿠웨이트, UAE, 카타르, 오만, 바레인 등 6개국이다.

산업의 중심지가 되기를 목표로 정한 것도 모두 이러한 맥락에서 파악할 수 있다.

또 2014년 2월 두바이 인더스트리얼시티Dubai Industrial City에 670만 평방피트 규모의 할랄식품 제조업과 물류 전용 클러스터 운영계획을 발표하고 관련 기업의 입주를 유치하고 있으며, 두바이 세계할랄인증센터 International Centre for Halal Food and Product Accreditation의 설립을 추진하고 있는데, 막대한 석유자금을 토대로 자체 할랄인증제도 도입, 할랄산업 전용 클러스터구축, 세계할랄인증센터 추진 등으로 발빠른 행보를 하고 있다.

이렇듯 세계주요 이슬람국가들의 할랄인증에 대한 헤게모니 싸움의 소용돌이 속에서, '한-UAE 농업 및 할랄식품 협력 양해각서'는 남다른 의미를 지니고 있다고 볼 수 있다. 그것은 현재 우리나라에서 이루어지는 할랄인증이 바로 말레이시아의 JAKIM의 인정을 받은recognized 한국이슬람교중앙회KMF: Korea Muslim Federation에 의해 이루어지고 있기 때문에, 이러한 인증으로 중동국가나 기타 이슬람국가에서 적용된다는 보장이 없고 따라서 우리 기업의 수출전략에 막대한 차질을 가져올 수 있기 때문이다.

그러나 UAE와의 협력 양해각서를 맺고 또한 실제 협력관계에 돌입한다고 해서 문제가 해결되는 것은 아니다. UAE가 GCC의 구성원이기는 하지만 사우디아라비아에도 세계무슬림연맹MWL: Muslim World League라는 인증기구가 있고 또한 다른 나라들도 인증기관을 세우지 않는다는 보장이 없기 때문이다.

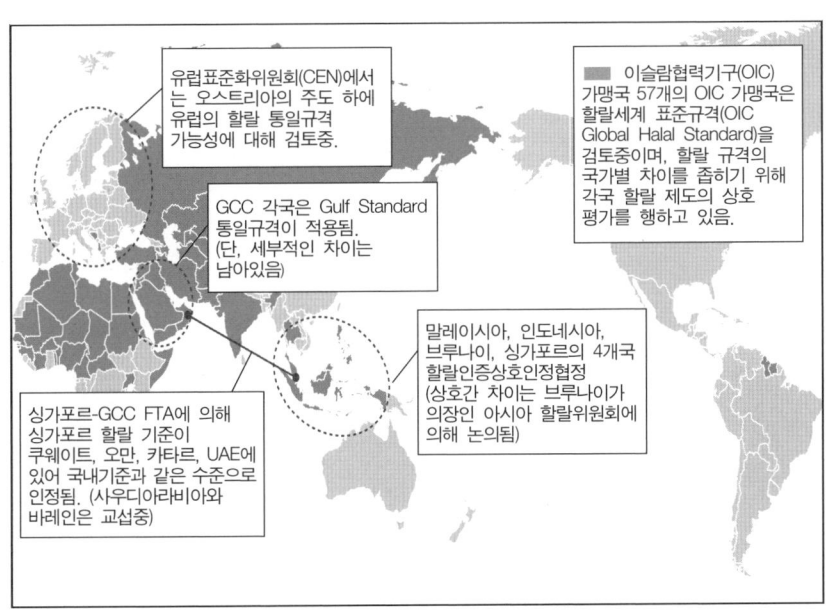

/ 그림 4 / 세계할랄인증패권 각축전 지도
출처: 일본 농림수산성, 주간무역(2015.3.31.)에서 재인용

현재 인도네시아의 MUI은 말레이시아의 JAKIM이 인정한 해외인증 업체의 로고를 단 수입제품에 대해 할랄로고를 삭제하도록 요구하고 있는 상태이다.[17] 인도네시아와 말레이시아는 ASEAN의 동맹국이며 다른 여러 가지 경제동맹의 회원국임에도 불구하고 이러한 교차 인정을 하지 않고 있는 것처럼, GCC 내에서도 이러한 현상이 발생하지 않는다는 보장은 없는 것이다.

---

[17] 우리나라의 대표적인 라면업체 중 하나인 모라면 회사는 말레이시아의 JAKIM이 인정한recognized KMF로부터 인증을 받았다는 이유로 인도네시아 수입상품 로고에서 할랄로고의 삭제를 요구받아 상당히 큰 어려움을 겪었다고 한다.(참고: 제1차 '할랄분과위원회' 회의 중 해당업체의 발언(2015.3.30.))

제1장 / 할랄이 왜 이슈로 떠올랐나? | 17

제2장 할랄산업과 할랄시장

제1절 할랄식품과 할랄산업

우리나라에서는 2015년 초 박근혜 대통령의 중동순방과 특히 UAE와 맺은 할랄식품 양해각서를 실행하는 차원에서 한국식품연구원 산하에 할랄식품사업단을 두고, 또한 익산의 국가식품클러스터 내에 할랄전용 식품단지를 구상하는 등 일련의 후속조치들로 말미암아 국민들의 할랄에 대한 인식을 마치 식품만이 할랄인 것처럼 크게 오도誤導하기도 했거니와, 연일 방송매체에서는 할랄이 모든 이슬람 시장을 공략할 수 있는 황금열쇠인 것처럼 보도함으로써 할랄이 식품과 관련된 규정이고 이러한 할랄인증만 취득하면 이슬람국가 어디라도 수출할 수 있는 것처럼 국민들이 인식하고 있는 것 같다.

그러나 이것은 크게 잘못된 생각이다. 할랄이란 '허용된permitted, allowed' 것이란 뜻이다. 다시 말해 이슬람교도에게 신이 허락한 모든 것으로서 의식주를 포괄하는 총체적인 개념이 할랄이라는 개념이며 이슬람교도의 모든 생활을 지배하고 있는 개념이다. 따라서 할랄의 개념은 모든 산업부문, 예를 들어 식품, 의약품, 화장품 등의 제조물품뿐만 아니라 유통, 관광, 금융 등 서비스 분야까지 확대된 산업개념으로 파악해야 한다.

실제로 필자는 2015년 4월 1일부터 개최된 전 세계 할랄 박람회 중 가장 큰 규모로 열리는 제12회 말레이시아 국제할랄박람회(MIHAS: Malaysia International Halal Showcase)에 참관하고 각종 할랄 관련 포럼과 세미나에 참석한 결과, 일반인들이 상상할 수 없는 정도의 제품도 할랄인증을 받고 출품한 것을 보았고 심지어 할랄유통, 할랄관광 및 할랄금융에 대하여 대단히 폭넓은 논의가 전개되고 있는 것을 확인한 바 있다.

우리나라 사람들이 상상하지 못한 분야들 예를 들어 할랄인증 보일러, 냉장고, 전기전자기구, 양변기, 모터사이클, 자동차, 윤활유, 에어필터, 페인트, 심지어는 건설기계장비와 부품 그리고 시멘트도 할랄제품으로 인증을 받고 판매되고 있다는 사실을 대다수의 국민은 알지 못하고 있는 것 같다.

| 할랄 보일러 및 온수기 | 할랄 냉장고 및 주방기구 |
| 할랄 자동차와 모터사이클 | 할랄 전기 전자기기 |

/ 그림 1 / MIHAS에 전시된 각종 할랄산업용품들

MIHAS 2015에서는 제품에 돼지의 DNA 성분이 들어가 있는지 10분 내에 검사하는 포터블 유전자감식기기[1]라든가 할랄제품 자동포장기 등도 출품되어 있었다.

/ 그림 2 / 할랄전문 운송사인 MASKARGO의 홈페이지

특히 눈에 띄는 것은 할랄제품의 전문운송을 담당하는 MASkargo라는 전문운송회사였다. 이들은 세계 최대의 다국적 선사인 머스크MAERSK사의 이름과 비슷하게 하고, DHL이나 UPS처럼 자체적으로 6대의 할랄전용 수송 비행기와 수많은 화물차와 컨테이너를 운용하며, 할랄 전용창고를 운영함으로써 할랄산업을 뒷받침하는 발 빠른 행보를 하고 있었다.

---

[1] 할랄제품을 만들 때 수많은 재료 또는 원료가 들어가게 되는데, 제조업자의 부지불식간에 비할랄 재료가 원료가 들어가면 안 되기 때문에 생산된 제품을 무작위로 추출하여 검사를 행해야 하는 것이다.

제2절 말레이시아를 통해 본 할랄산업의 구성

현재 말레이시아에서는 전 산업분야를 망라하여 할랄인증을 행하고 있지만, 대외적으로 인증하는 것은 식품과 화장품인 것으로 조사되었다. 그러나 말레이시아가 발표하는 수출통계를 살펴보면, 할랄 식음료, 할랄 식품 원료, 화장품류, 팜오일과 추출물, 산업화합물, 의약품 등으로 구성되어 있으며, 실제로 말레이시아 수출의 70% 이상의 대부분이 식음료와 식품원료에 집중된 것으로 나타나 있다.

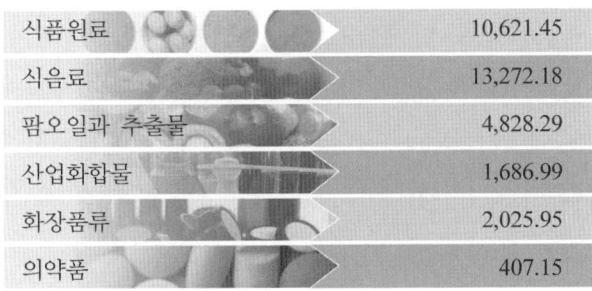

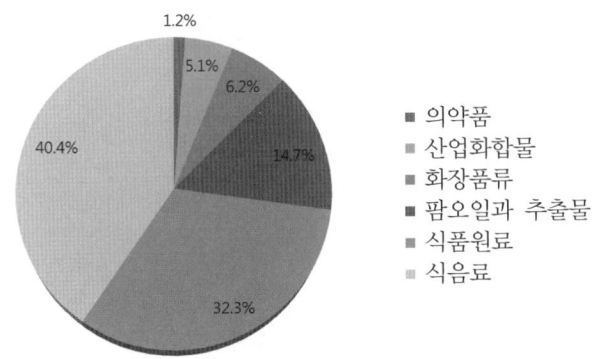

/ 그림 3 / 말레이시아의 할랄수출 실적(2013)

그러나 이러한 통계에서 오인하면 안 되는 것은 바로 식음료와 식품원료가 할랄산업을 구성한다고 봐서는 안 된다는 것이다. 말레이시아의 수출경쟁력이 일반 제조업 분야에서 낮기 때문에 이러한 분야의 수출 비중이 낮을 뿐이지 할랄산업이 식품으로 구성되어 있다고 오판해서는 안 된다는 것이다.

앞선 그림에서 본 바와 같이, 말레이시아에서는 전 산업분야에서 할랄 인증을 받아내는 것을 마치 우리나라에서 KS인증을 받는 것처럼 중요한 인증으로 생각하고 있다는 점이다. 현재는 JAKIM이 해외기업에 식음료와 화장품에 대해서만 인증을 해주고 있지만, 멀지 않은 장래에 모든 산업분야로 확대 인증사업을 전개할 가능성이 높은 것이다.

따라서 우리의 대응도 단기적으로 할랄식품에만 집중할 것이 아니라 장기적인 안목에서 할랄산업이 과연 무엇인가에 대해 집중적으로 연구하고 이들 이슬람국가들의 요구사항이 무엇인가를 적확(的確)하게 파악하고 대처할 필요가 있는 것이다.

제3절 할랄산업의 구성

본 절에서는 할랄과 관련된 산업이 어떤 산업으로 구성되어 있는지 간략하게 살펴보기로 한다.

1) 할랄식품(Halal Food)

현재 할랄식품시장은 다른 산업 분야에 비하여 단연코 높은 비중을 차지하고 있는 것으로 나타나고 있다. 이는 할랄이라는 게 이슬람 율법에 의해 신도인 무슬림에게 허용되는 사물이나 행동을 뜻하지만, 식품은 매일 삼시세끼를 접하는 것이기에 우리의 눈에 쉽게 띄고 그만큼 과장되게 할랄이 식품인 것처럼 오인하는 요인이 된다.

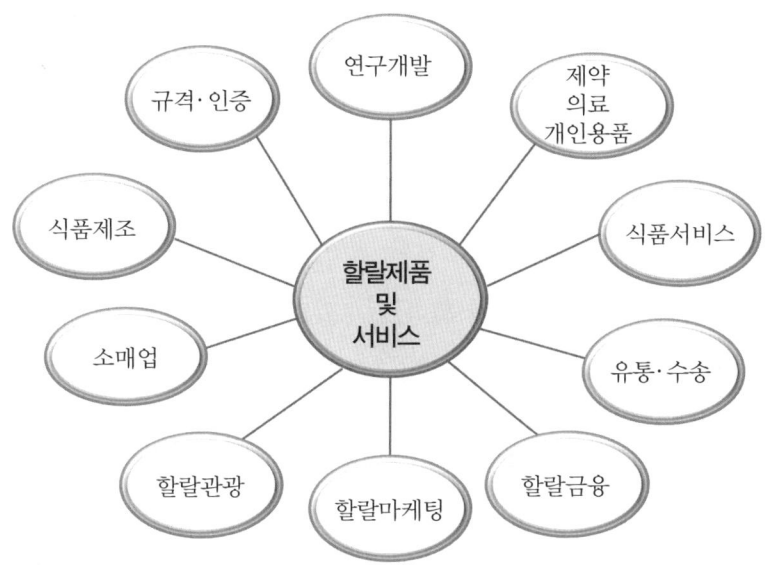

/ 그림 4 / 할랄산업의 구성

할랄 식품의 주요 소비층인 무슬림의 비중은 전 세계 인구의 25%인 약 20억 명(2012년 기준)으로, 140여 개국에 거주하며 거대한 글로벌 시장을 형성하고 있다. 이와 관련된 할랄 식품시장 규모는 전 세계 식품·음료 시장의 17% 수준인 1조 880억 달러(한화 1,200조 원)로 추정되고 있다. 무슬림 인구는 지금도 꾸준하게 늘어나는 추세로, 2020년대에는 전 세계 인구의 30%를 넘어설 것으로 예측되고 있다. 이에 2018년에는 할랄 식품시장이 1조 6,260억 달러(한화 1,700조 원)까지 성장할 것으로 예상하고 있다.[2]

---

[2] 농수산유통공사 15.3.19 보도자료 및 The State of the Global Islamic Economy

그러나 우리 농식품의 할랄 시장 진출은 미미한 수준이다. 할랄 관련 시장에 대한 우리 농식품의 수출액은 약 6억 8,000만 달러(2014년 기준)며, 주로 담배·커피·과자·라면 등 가공식품이 대부분을 차지하고 있다.[3]

할랄식품은 이슬람 율법에 따라 제품에 들어가는 모든 원재료는 물론 제조공정·제품품질 등에 대해 엄격한 심사를 받는다. 제품의 포장·운송·보관 등의 과정에서도 반드시 비할랄적인 것과 물리적으로 격리돼 있어야만 할랄 식품으로 인정받는다.[4] 이같이 무슬림이 먹거나 사용할 수 있도록 이슬람 율법에 따라 도살·처리·가공된 식품에만 부여되는 인증이 '할랄인증'이며, 이슬람 국가에 제품을 수출하기 위해서는 할랄인증 취득이 매우 중요한 과제이다.

하지만 이슬람 국가로 수출할 때 할랄인증 자체가 통관의 필수요건이 되는 것은 아니다. 국교가 이슬람이라 하더라도 비무슬림이 거주하고 있는 만큼 할랄인증이 없어도 수출은 가능할 수 있다. 다만, 할랄인증이 없을 경우 주 소비층인 무슬림에게는 외면당하게 된다.

물론 비할랄인증 제품에 대한 수입을 제도적으로 막고 있는 국가도 있다. 사우디아라비아와 쿠웨이트는 할랄이 아닌 상품의 국내유통을 제한하고 있으며, 할랄이 아닌 제품은 원칙적으로 수입 및 판매도 불가하다.

2013 참조, 대외경제정책연구원의 보고서에 2018년 전체 할랄시장을 2조 5,000억 불로 추정하니 대략 식품시장만 65%가 된다. 물론 다른 기관들의 추정치를 비교한 것이므로 정확한 것이라고 볼 수는 없다.

[3] 우리나라 2014년 총수출액이 5,731억 달러임에 비추어 할랄 농식품수출액의 규모는 불과 0.1%에 지나지 않는다. 이러한 수치가 의미하는 바는 현재는 아주 미미한 수준이지만, 조금만 수출 노력을 더한다면 증가세는 크게 확대될 수 있다는 것을 암시한다.

[4] 음식점의 재료보관 냉장고에 돼지고기와 소고기가 같이 있어도 안 되고, 같은 냉장고에 술과 다른 일반 음료가 같이 있어도 안 된다.

우리나라의 경우, 유일한 할랄인증기관으로 한국이슬람교중앙회KMF가 활동해 왔다.5 하지만 KMF 할랄인증이 세계적으로 통용되는 것은 아니며, 말레이시아에 대해서만 지난 2013년, 말레이시아 이슬람개발부 JAKIM로부터 동등성을 인정recognized받았다는 사실을 알아야 한다.

앞서 언급한 바와 같이, 지금 이슬람의 주요국가는 할랄인증에 대한 각축전 양상을 벌이고 있다. 특정국의 할랄인증을 받으면 마치 모든 이슬람국가에 수출할 수 있는 보증수표를 받은 듯 착각하는 것은 대단히 큰 오산이다.

그렇다면 경제학적으로 본다면 어떤 국가의 인증이 필요할 것인가? 우리가 할랄식품을 수출한다고 할 때, 동남아시아의 이슬람국가들을 생각해 보자! 어떤 국가들은 일 년 사모작四耗作까지 가능한 농산물이 풍족한 국가들이다. 특히 돼지고기는 수출입의 대상이 아니니까 닭고기, 소고기나 양고기와 같은 농축산물을 고려할 텐데, 이러한 축산물에 대해 호주, 네덜란드, 브라질, 미국 등과 경쟁력을 갖추고 있다고 볼 수는 없다. 특히 하루에 한 알씩 낳는 닭을 키우지 않는 국가가 어디에 있겠는가? 더군다나 닭 같은 경우에는 조류독감AI: Avian Influenza이 한번 돌면 수출은커녕 키우던 닭도 살처분殺處分하는 경우가 많고, 구제역도 마찬가지이다.

이런 점에서 특정 지역에 할랄전용식품단지를 구축한다거나 할랄전용 도계장을 설치하는 것은 대단히 큰 리스크를 안고 있는 것이라고 볼 수 있다.

---

5 2015년 초 (주)가교와 (사)제주이슬람문화센터JICC가 협약을 맺고 할랄인증서비스를 개시하였고, 2015년 7월부터는 국제할랄인증원ITC International Halal Certification이 할랄인증업무를 개시한다고 밝힌 바 있어, 한국 내에서도 할랄인증업무가 복수경쟁체제로 전환되고 있다.

우리나라에 거주하는 무슬림은 외국인 근로자를 포함하여 약 15만 명이라고 하며, 이들은 전국 각지에 흩어져 살고 있다. 물론 일반 도계장屠鷄場이나 도축장屠畜場에서 할랄식의 식육처리를 기대하기는 어렵기 때문에 이러한 발상을 했겠지만, AI나 구제역과 같은 전염병이 발생할 경우, 입주업체의 적자나 도산이 크게 증가할 수도 있는 것이다. 더구나 전국 각지에 할랄식의 격리시설을 갖춘 할랄 전용창고며 전용물류시설을 유지하고 관리하는 것이 절대로 쉬운 일은 아니며 이러한 인프라를 구축하는 비용을 무시할 수 없을 터인데. 원가 2~3천 원밖에 안 하는 닭의 유통 및 물류비용을 어떻게 감당할 것인지 생각해볼 필요가 있다.

물론 대통령의 중동순방에 이은 지시가 할랄식품으로 제2의 중동 붐을 일으키겠다니 농림축산부의 고민도 깊을 수밖에 없지만, 원초적으로 할랄식품사업단으로 할랄정책을 입안한 자체는 다시 한 번 고려해 볼 문제라고 생각한다.

할랄은 식품에 국한된 것이 아닌데 정작 할랄이라는 개념을 국가의 정책산업으로 육성하겠다면 대통령 직속으로 '(가칭) 할랄산업단'을 구성하든지, 미래창조과학부 산하로 해서 힘을 실어주든지, 아니면 산업통상자원부를 주축으로 보건복지부(할랄의약품), 농림축산식품부(할랄식품), 해양수산부(할랄식품), 문화체육관광부(할랄관광), 식품의약품안전처(할랄식품 및 할랄의약품), 기획재정부(할랄금융) 등 유관기관들을 유기적으로 통합하는 범정부조직을 구성하든지 해야지 현재처럼 농림축산부로만 한정하고 할랄에 대해 접근을 한다면, 어떻게 농림축산부에서 할랄화장품이나 할랄관광, 할랄유통, 할랄금융 등을 추진할 것인가 하는 문제에 대해서도 다시 한 번 고민해 볼 필요가 있는 것이다.

물론 초기부터 완벽한 조직을 갖출 수는 없고, 식품분야부터 할랄인증을 추진하겠다는 취지의 정책이라면 어느 정도 이해는 할 수 있으나 여러 차례 언급한 대로 전 세계 할랄식품시장의 규모가 크다고 그것이 우리의 수출시장이라는 생각은 큰 오산이다.[6]

다시 원점으로 돌아오자.

그렇다면 과연 할랄 관련 농수축산물을 수출할 대상국은 어디인가를 생각해보면 그 대상 국가를 쉽게 짐작할 수 있다. 전 세계의 무슬림이 존재하는 주요국가는 중동, 북아프리카, 동남아시아, 중부아시아 및 서남아시아, 중국의 서부지역 등이다. 답은 어디인가? 바로 중동이다.

중동의 국가들은 대부분 사막지역으로 물 부족과 경작 가능한 토지가 부족한 상태이다. 특히 중동지역에서는 경제수준이 가장 높은 GCC 국가의 할랄시장 성장 잠재력이 매우 크다. GCC지역은 식품의 90% 이상을 수입에 의존하고 있고 산유국들로서 구매력이 대단히 높은 시장인 것이다.

AT Kearney[7]의 자료에 따르면 걸프지역 중 사우디아라비아와 UAE 등 두 국가가 GCC지역 전체 식품 수입의 75%를 차지한다고 한다. GCC 6개국은 전 세계에서 가장 부유한 국가로 인구 4,700만에 GDP는 1조 1,000억 달러에 이른다.

상황이 이렇다 보니, UAE가 GCC를 포괄하는 할랄인증의 표준국가로 부상하겠다는 전략을 세우는 것은 지극히 당연한 결과이다. 말레이시아가

---

[6] 농림축산부의 노력이 적다거나 아니면 관련기관들의 협조가 안 되기 때문에 이러한 문제점을 지적하는 것이 아니고, 발상의 대전환이 필요하다는 의미이다. 또한, 할랄에 대해 제대로 이해하고 국가정책적으로 접근해야 한다는 차원에서 순수한 경영학자로서의 지적이다.

[7] 1926년 창립되었으며, 미국 일리노이주 시카고에 본부를 두고, 2015년 3월 현재 전 세계에 61개의 지부를 두고 있는 다국적 기업으로 세계경영컨설팅을 주요업무로 하고 있다. http://en.wikipedia.org/wiki/A.T._Kearney

UAE를 중동과 유럽진출의 교두보로 삼고자 해도 UAE가 이러한 제의를 받아들여 JAKIM에 막대한 이권이 걸린 할랄인증을 쉽사리 내어주지는 않을 것이다.

특히 UAE는 포스트 오일시대post-oil era를 대비한 경제 다변화 정책의 일환으로 국제 할랄허브센터를 구축해 전 세계적으로 파편화破片化된 할랄인증제도의 통합화를 추진하고 있는 마당에 말레이시아에 할랄인증을 양보하고, 또한 할랄인증과 관련된 세계적 표준추진전략을 결코 포기하지는 않을 것이다.

아직은 UAE 자체적으로도 입장과 추진전략을 완전히 정리하여 실행하고 있다고 볼 수는 없다. 다만 에미리트 연합 내, 두바이[8]는 자국경제를 다변화하며 '이슬람 경제' 수도로서의 위치를 다지기 위해 이슬람 허브육성을 위한 7대 분야 3개년 계획을 수립하였는데, 7대 핵심 과제 중 UAE는 국제적 할랄표준 인증제도 구축과 승인문제를 국가 신성장동력의 핵심과제로 인식하고 있으며, 이를 위해 겨우 지난 2014년에 할랄물품 인증을 위한 국제센터를 구축한 할랄인증 후발국인 것이다.

이 센터 프로젝트 1단계에서는 할랄시장에서 유통되는 육류에 대한 인증표준화를 추진한다. 해당 회사가 샘플을 보내는 대신 감사팀을 직접 파견해 공장과 농장에 대한 감독을 시행하며, 전 과정이 할랄에 부합하는지 확인하는 것이다.

2단계는 할랄인증 대상을 육류에서 화장품과 개인 위생용품으로 확대하며, 알코올 함유와 할랄에 부합하는 동물 추출성분에 대한 감시분야로 주업무를 확대할 계획이다.

---

[8] 2013년 3월에 두바이 산업도시에 670만 평방피트 규모의 '할랄클러스터'를 구축해 할랄제품 제조와 유통의 중심지로 부상하고 있다.

2014년부터 UAE에서 유통되는 할랄표기 상품은 원칙적으로 모두 할랄인증을 의무적으로 받아야 하며, UAE의 표준측량청ESMA: Emirates Authority For Standardization & Metrology이 이를 종합적으로 감독 지휘하고 있다.

UAE는 지정학적 이점을 내세워 전 세계로 수출되는 할랄상품에 대한 중간 유통지점으로 자리매김하는 동시에 국제적인 할랄인증 국가로 부상할 계획을 수립하고 있는 것이다.

이런 마당에 현재까지 대부분의 국내 식품제조기업들은 동남아 무슬림 시장 진출을 목표로 할랄인증을 획득한 상태이며, 중동의 무슬림 시장 진출은 극히 미미한 상황이다.

걸프지역에서는 대장금 등 한류드라마 열풍[9]으로 UAE를 중심으로 한국과 한국음식에 대한 인지도가 상승하고 있는 추세이다. 특히 한국음식이 건강식이라는 인식이 확산되는 가운데 프리미엄 음식을 선호하는 이 지역 소비자들의 니즈needs를 맞춰주어야 하지만, 국내기업이 GCC국가에 진출하려면 반드시 현지인 에이전트를 스폰서로 지정해야 하는 법규로 인해 진출이 제한적일 수밖에 없는 상태이다.

이러한 점에서 우리 할랄식품 수출업체들의 고민은 깊어질 것이다. 말레이시아의 JAKIM이나 한국의 KMF, 인도네시아의 MUI, 싱가포르의 MUIS, 그리고 UAE 과연 어디로부터 할랄인증을 받을 것인가?

결국, 이러한 문제는 수출업체가 어떠한 목표시장target market을 추구할 것인가를 먼저 고민하지 않으면 해결이 안 되는 문제인 것이다. 다른 기업들이 어디에서 할랄인증을 받았다든지, 누가 권유했다든지 또는 그럴 것이라는 막연한 추측을 할 것이 아니라, 그러한 인증을 어렵게 비싼

---

[9] GCC국가는 아니지만, 이란에서는 2008년 이란 TV 역사상 최고시청률 90%가 넘는 시청률을 보였고, 스리랑카에서는 무려 99%를 기록하였다고 하니 한류열풍의 정도가 가히 어느 정도인지 실감할 수 있다.

대가를 치르고 받아 과연 어떤 시장에 어떻게 진출할 것인가를 스스로 고민해야 한다.

물론 수출업체들의 이러한 갈급함을 빌미로 어려운 중소수출업체를 돈벌이 수단으로 생각하는 사람들도 많이 있다. 할랄인증을 받는 자체도 중요한 일이겠으나, 더 중요한 것은 할랄인증 이후 이를 어떻게 마케팅에 활용하여 새로운 시장을 개척할 수 있는 것인지에 대한 분석과 그에 따른 자문이 더욱 필요한 시점으로 보인다.

2) 할랄화장품(Halal Cosmetics)과 개인용품(Personal Care)

할랄화장품에 대해서는 영국의 화장품 브랜드인 사프퓨어 Saaf Pure사는 2008년 세계 최초로 할랄 화장품 인증을 받은 것으로 나타나 있어 할랄 화장품 인증의 역사는 그리 오래되지 않은 분야이다.

그러나 우리나라가 할랄인증과 관련하여 어떠한 이익을 볼 수 있겠는가 하는 측면에서 필자가 가장 눈여겨보고 있는 산업분야는 할랄화장품이다. 특히 한류열풍과 관련하여 그 시장 잠재력은 대단히 크다고 볼 수 있다. 이미 동남아에서는 아모레퍼시픽의 인기는 그야말로 천정부지이다. 2015년 들어 아모레퍼시픽 주가가 4개월 만에 2배나 상승해서 삼성전자 주가의 3배나 되는 400만 원 대에 도달했다는 것이 이러한 현상의 반증이다.

'이슬람 경제 현황 보고서 2014-2015 Thomson Reuters State of the Global Islamic Economy 2014-2015'[10]에 따르면 세계 할랄화장품 시장규모는 2013년 400억 달러(42조 7,600억 원)에서 2019년 730억 달러(78조 370억 원)로 증가할 것이라는 전망치를 근거로 한다면 할랄식품시장에 비하면 그 비중은

---

[10] http://www.zawya.com/ifg-publications/IslamicEconomy15-251114170832G/

매우 적은 시장이다.[11]

특히 할랄화장품과 개인용품에 대한 소비자 수요는 지역마다 인종마다 피부유형과 선호색상이 달라서 접근하기가 매우 어려운 시장이기는 하다. 그러나 세계화의 추세로 이러한 지역적 인종적 편차는 줄어들고 있어 수요가 수렴되고 집중화되는 성향이 나타나고 있다고 보여진다.

호주의 Institute of Personal Care Science의 자료에 의하면 글로벌 화장품 시장규모는 3,340억 달러(한화 약 360조 원)이며 그 중 글로벌 할랄화장품시장은 연간 130억 달러(한화 약 14조 원) 규모로 나타나 있다.[12]

현재 할랄인증의 선진국이라고 할 수 있는 말레이시아의 국제통상부의 보도자료에 의하면 중동에서 판매 중인 화장품의 25%가 할랄인증을 받았고, 말레이시아 현지 할랄화장품 산업은 전체 화장품의 10~20%에 달한다고 밝힌 바 있다.

그렇다면 왜 할랄화장품을 선호하는가를 살펴볼 필요가 있다. 먼저 무슬림이 아니더라도 동물애호가들은 동물 실험을 거치지 않고 개발되었다는 이유로 할랄화장품을 선호하기도 한다. 또 다른 일단의 소비자들은 피부에 자극을 주는 유해화학물질이나 피부를 건조하게 하는 알코올 성분이 없기 때문에 할랄화장품을 선택하는 것이다.[13]

여기서 주목해야 할 점은 할랄화장품이라는 것이 이슬람교도들만이 아니라 다양한 소비자들에게 흥미를 끌고 또한 품질을 보증하기 때문에 시장에서 새로운 마켓트렌드로 자리 잡아가고 있다는 점이다. 특히 친환경적 eco-friendly이라는 신개념으로 반사이익 反射利益을 얻고 있다는 것이다.

---

[11] 2012년 할랄식품시장이 1,200조 원으로 추정되니까 할랄식품의 1/30 수준 정도라고 볼 수 있다.

[12] http://personalcarescience.com.au/

[13] http://blog.naver.com/PostView.nhn?blogId=pentaglobal&logNo=220270944665

영국 사프푸어Saaf Pure사의 개발담당자인 마 후세인 갬블스박사Dr. Mah Hussain-Gambles는 자사 소비자의 75%는 장단기적으로 자신의 신체에 유해하지 않은 화장품을 원하는 비무슬림이라고 주장하기도 하였다.

현재 우리나라에서는 전 세계 할랄식품시장의 규모가 워낙 크기 때문에 이러한 산업분야에 대해 초점을 맞추고 있는데 이는 결코 바람직하지 않다. 음식문화라는 것이 쉽게 전파되지 않는 것도 문제이지만, 현재 우리나라가 수출하고 있는 김, 과자, 스낵, 라면과 같은 제품들인데 과연 돼지 DNA, 유전자조작 식품원료, 혈액이나 내장 등의 하람haram, 금기 제품 등으로부터 자유롭고 현지 무슬림의 입맛에 맞는 그런 제품들이 얼마나 있을 것인가는 생각해 볼 문제인 것이다.[14]

혹자는 한류 붐을 이용하여 된장이나 고추장 또는 비빔밥이나 불고기 등을 수출할 수 있다고 주장하기도 하는데 이는 터무니 없는 발상이 될 수 있다. 왜냐하면, 된장이나 고추장과 같은 장류醬類는 생산과정에서 자연발생적으로 알코올 성분이 생성되고 있어 이를 제거하거나 떨어뜨리는 기술을 확보해야 하는 문제가 생긴다. 대기업이라면 이러한 부문에 연구개발비를 투자할 여력이 충분하겠지만, 일반 중소기업에서 이러한 부분의 연구에 투자할 만큼의 자금 여력이 충분할 것인지 생각해 보아야 한다.

---

[14] 국내에서 할랄식품수출을 행하는 대표적 기업들은 신라면, 빙그레, 서울우유 등 대형식품업체들이며, 일부 중소 김수출업체들이 주로 할랄인증을 받았다. 해외 할랄식품 시장에 매장을 진출한 업체들은 롯데리아, BBQ, 네네치킨, 델리만쥬 등 역시 대기업 위주로 진출하고 있는 실정이며, 과연 영세 중소기업이 해외시장수출 또는 직접 식품제조 및 판매시설을 이슬람권국가에 진출하기 위해 시장조사를 하고 현지에 맞는 레시피recipe를 개발하는 것이 쉬운 일이 아니다. BBQ의 경우, 싱가포르 매장에서는 고추장이 없는 '이슬람용' 양념치킨을 판매하는데 이는 알코올 성분이 들어있는 고추장은 이슬람의 교리에 어긋나므로 발효식품인 고추장 대신 칠리소스로 매운맛을 낸다고 한다.

또한, 비빔밥이나 불고기 등 한국의 전통음식들은 레시피recipe에 따라 전혀 맛이 다르고 표준화하기 어렵다는 문제점이 있다. 예를 들어 맛있는 불고깃집의 레시피를 보통 불고깃집에서 따라갈 수 없는 것과 마찬가지이다. 운송보관유통의 문제점도 만만치 않다. 이러한 문제점들을 해결하는 데 있어 중소기업이 갖는 어려움은 대단히 클 것이다.

이러한 점에 비추어 본다면, 일단 화장품은 전 세계인이 사용하는 제품이고 또한 보관유통기간이 식품에 비하여 상대적으로 길기 때문에 유통기간경과로 폐기하는 물량이 적을 수 있으므로 상대적으로 메리트가 있다고 볼 수 있다. 특히 K-Pop과 한류드라마 열풍으로 인한 한국스타 따라잡기의 행태로 구매가 확산될 수 있다는 점도 큰 시장 확대요인이 될 수가 있다.

구체적인 수출입통계를 살펴봐도 좋다. 전 세계적으로 1조 6천억 달러에 달하는 할랄식품시장에서 2014년도 우리나라의 할랄식품 수출총액이 6억 8천만 달러(7,800억 원)로 0.4%의 점유율에 불과한 것으로 발표된 바 있다. 물론 우리의 비중이 적기 때문에 그만큼 수출시장의 확대 가능성이 크다고 볼 수도 있지만, 일반 중소기업 특히 소규모 영세기업의 경우, 엄격한 할랄생산규정과 원료모니터링체제를 가동하면서 할랄식품 전용생산라인을 구축한다는 것은 대단히 어려운 문제이기 때문에 식품의 할랄인증은 대기업만을 위한 잔치가 될 수 있는 것이다.

우리나라에서 할랄인증을 받은 화장품업체는 대기업이 아니라, 대덕랩코, 코소아, 탈렌트화장품 등 중소기업들로 인증기업의 숫자도 다섯 손가락 안에 들 정도로 적은 수치이고 또한 이들 기업의 할랄화장품 수출액만을 따로 집계하는 시스템은 없기 때문에 정확하게 얼마만큼의 할랄화장품 수출이 이루어졌는지 알 수 없지만, 현재 이들 인증기업들도 겨우 인증받은 지 몇 개월 또는 몇 년밖에 되지 않아 우선 당장 할랄인증을 받는 것에만 신경을 썼을 뿐 할랄로고를 달고 수출한 실적은 대단히 미미한 수준일 것으로 보인다.

대한화장품협회 자료에 따르면 2013년도 우리나라 전체 화장품 수출액은 12억 7,700만 달러를 기록하였고, 2014년 1~5월까지의 화장품 수출액만도 6억 4,360만 달러를 기록했는데, 중국을 비롯하여 아세안ASEAN의 경우 라오스, 말레이시아, 미얀마, 베트남, 싱가포르, 인도네시아, 캄보디아, 태국, 필리핀 등의 경우 6억 명의 인구를 지닌 거대한 시장을 목표시장으로 수출이 급격하게 확대되고 있기 때문에 할랄 관련 인증취득시 이슬람국가들에 대한 수출이 비약적으로 증가할 수 있는 계기가 될 수도 있다.[15]

비록 화장품시장을 규모 면에서 살펴보면, 식품시장에 비해 매우 적은 규모이지만, 중동의 주요 고소득 이슬람국가를 제외하고는 동남아, 서남아 그리고 아프리카 북부 등의 개발도상국들을 중심으로 한류 붐을 타고 폭넓게 시장이 확산되고 있다는 점에 주목해야 한다.

그러나 할랄화장품이 마냥 블루오션blue ocean이라고 볼 수만도 없다. 그것은 일반 선진국에 화장품을 수출하는 데에는 FDA 승인이라든가 각종 비관세장벽이 존재한다. 더구나 랑콤, 루이뷔통, 샤넬, 시세이도, 에스티로더, 로레알 등 거대한 다국적기업들의 틈바구니 속에서 우리의 중소기업이 해외시장을 확보한다는 것이 그다지 녹록지 않은 과제인 것이다.

결국, 한류를 적절히 이용하면서 한국화장품의 인기가 높은 말레이시아, 인도네시아, 이란, 터키 등 중저소득 이슬람국가들은 고소득 선진국에

---

[15] 대한화장품협회 홈페이지 참조 https://www.kcia.or.kr

비하여 그만큼 수입규제도 적고, 현지 국내 수입승인절차도 그만큼 간소하다는 점을 고려해야 한다. 또한, 이들 국가는 소득수준도 그다지 높지 않기 때문에 다국적기업들의 주요 타겟국가도 아니고 또한 이들 국가의 무슬림소비자들이 고가 브랜드보다 중저가 한국 브랜드에 대한 수요가 그만큼 크다고 볼 수 있는 것이다. 마케팅에서 말하는 틈새시장niche market 을 전략적으로 집중 공략할 필요가 있다는 말이다.

할랄인증의 측면에서도 화장품이 할랄수출의 잠재성이 높다고 보는 것은 대개 화장품제조에 20여 개 이내의 원료가 사용되는데, 이들 화장품원료를 비할랄원료로부터 엄격히 분리하여 통제하기가 쉽고, 또한 생산라인을 관리하는 것도 식품에 비해서는 생산라인의 규모가 작기 때문에 그만큼 쉽다고 볼 수 있다. 또한, 최근의 추세가 천연성분을 강조하는 마켓트렌드이기 때문에 별도의 할랄화장품을 만들지 않더라도 자연스럽게 할랄인증 화장품에 가까운 제품을 기업들이 생산하고 있다는 점도 대단히 중요한 포인트가 된다.

수출채산성 측면에서도 할랄화장품은 식품보다 훨씬 높은 채산성採算性을 보인다. 구체적인 원가구성 자료를 제시하기는 곤란하지만, 화장품 제조를 하는 지인知人과의 대화를 통해서 제조원가가 차지하는 비중이 판매가의 '한 자리 숫자(10% 이내)에 불과하다' 혹자或者는 '화장품은 물장사다. 그만큼 원가비중이 낮다'라는 말을 거침없이 하는 것을 들은 바 있다. 물론 고급제품의 원가는 그렇지 않겠지만 그만큼 원가비중이 낮다는 말로 이해할 수 있다. 채산성이 높기 때문에 설령 고가高價의 할랄화장품원료를 구입한다고 해도 원가상승요인은 그다지 높지 않다는 것이 주변 화장품제조업자들의 의견이다.[16]

---

[16] 필자가 거주하는 대전에는 화학연구소, SK연구소, LG연구원 등이 있고 여기에

이러한 점에서 필자筆者가 우리나라 할랄수출에서 가장 주목해야 할 분야가 할랄화장품이라고 강조하는 것이다.17

현재 말레이시아 JAKIM에서는 할랄화장품과 할랄식품에 대해서만 해외인증을 해주고 있는 상태이다.18

3) 할랄의약품(Halal Medicine)

할랄의약품은 할랄식품이나 할랄화장품처럼 무슬림들이 일상적으로 사용하는 제품으로 우리나라의 할랄수출유망산업분야라고 보여진다. 일반적으로 할랄의약품이라고 한다면, 감기약이나 기타 치료목적의 약제만을 의미하지는 않고 치약,19 파스, 연고, 안약 등과 한방 건강보조제 등도 포함할 수 있기 때문에 그 시장의 크기를 쉽게 가늠할 수는 없으며, 수출입통계도 쉽게 구하기가 곤란하다.

근무하던 수많은 석박사급 연구원들이 벤처창업을 하여 대덕테크노밸리에 포진해 있다. 이들 업주들의 말로는 팜오일palm oil, 페퍼민트pepermint 등 주요 화장품원료들은 우리나라에서 생산이 안 되어 수입에 의존할 수밖에 없는 실정이기 때문에 할랄인증원료를 수입하나 비인증원료를 수입하나 크게 가격 차이가 나지 않는다는 설명이다.

17 할랄화장품제조에 있어서 콜라겐과 알코올 등의 성분을 배제하고, 동물을 통한 임상실험 등을 하지 않는 등 할랄인증을 받기 위한 조건들이 있기 때문에 쉽게 할랄인증을 받을 수 있다는 것은 아니다. 우리나라에서 대덕랩코의 JNH터키 GIMDES, KORSOA의 더샴푸호주의 GHTC, 탈렌트화장품의 립스틱말레이시아 JAKIM 등 주로 중소화장품업체들이 할랄인증을 받았는데, 이는 대기업들은 자체브랜드의 인지도 등이 높기 때문에 할랄인증에 큰 관심을 보이지 않는 반면에 오히려 중소기업들이 할랄인증을 통해 해외시장개척을 하려는 노력이 강하게 작용했기 때문인 것으로 보인다.

18 우리나라의 모화장품회사는 싱가포르 MUIS와 할랄인증을 논의하였으나, 싱가포르에서는 할랄화장품에 대한 해외인증을 못 하기 때문에 대신 협력 인증기관인 호주의 할랄인증기관인 GHTC를 소개받고 단 한 가지 제품에 천만 원이 넘는 비용을 들여 할랄인증을 받았다는 인터뷰를 한 바 있다.

19 원래 다국적기업이기도 하지만 콜게이트Colgate 치약은 이슬람법이 금지한 어떤 동물성 재료도 쓰지 않았다는 점을 부각시켜 대표적 할랄 브랜드로 부상하였으며 이슬람국가에서 큰 판매신장을 기록하였다고 한다.

그러나 할랄의약품은 먹고 바르고 마시는 상품이기 때문에 무슬림들이 반드시 율법에 맞는 제품을 소비하게 되는 것이다.

할랄의약품이라고 해서 의약품이라는 단어 중 의약醫藥에 한정해서 시장을 규정한다면, 시장진출요건은 매우 까다롭다고 볼 수 있다. 그러나 발상을 전환하여 다이어트보조 또는 한방건강보조제 등의 개념으로 확산한다면 시장을 보다 크게 정의하면서 수출가능성이 있는 분야도 그만큼 많아지게 된다.

예를 들어 한방건강제 가운데 홍삼이라든가 버섯, 식물성원료만을 쓰고 독성毒性이 없는 경우에는 모두가 기본적으로 할랄이다. 또한, 기본적으로 수생동물은 할랄이기 때문에 어류魚類도 비늘 없는 생선, 갑각류, 복어 등 독성 어류魚類를 포함하지 않았다면 이 역시 할랄이며 이를 가공한 제품은 할랄의약품의 범주에 포함이 된다.

다만 녹각鹿角이나 태반胎盤 등의 추출물 등은 혈액을 함유한 것으로 나지스Najis, 부정(不淨)이기 때문에 주의注意를 해야 한다.[20]

또한, 꿀과 밀랍蜜蠟과 같은 것은 할랄이지만 꿀벌과 같이 이슬람교에서 죽이는 것이 금지된 동물은 하람이기 때문에 성분이 무엇인가에 대하여 면밀한 검토가 필요하다.

할랄의약품의 인증이 말레이시아와 같은 국가에서는 국내인증으로 처리되지만 해외기업에 대한 인증이 이루어지지 않기 때문에 국내기업이 말레이시아의 할랄파크Halal Park와 같은 지역에 진출하여 할랄인증을 받지 않는 이상 국내에서 할랄인증을 받는다는 것은 대단히 어려운 문제이다.

---

[20] 우리나라에서는 태반胎盤에서 추출한 성분으로 주사제나 마스크팩이 인기가 있을지 몰라도 이를 상품화한 것은 비할랄이라는 것을 알아야 한다.

물론 전 세계 300여 개가 넘는 인증기관이 있으니까 할랄의약품 인증기관을 찾아보면 인증기관을 찾을 수도 있고 할랄인증을 받아 낼 수도 있을 것이다. 그러나 그러한 인증기관의 공신력을 믿을 수가 없으며, 비싼 인증료로 지불하고 할랄인증을 취득하더라도 무용지물이 될 수도 있는 것이다.

최근 할랄인증과 관련하여 말레이시아, 인도네시아, UAE 등이 각축을 벌이면서 서로 경쟁국의 인증제품에서 할랄로고를 삭제하도록 요구하는 마당에 공신력 없는 인증기관으로부터 인증을 받는다는 것은 인증기관과 이를 알선해주는 컨설팅업체 배만 불리는 것뿐 그 이상도 그 이하도 아니다.

따라서 치약, 파스 등 의약부외품의 경우에는 일반 공산품의 형태로 전환해서 인증을 시도하는 발상의 전환이 필요하며, 이를 위해서는 수출기업이 자체적으로 부단한 연구와 조사를 해야 한다. 이러한 연구하는 자세로 할랄인증에 대해 접근해야 실질적으로 할랄인증 이후에 어떻게 시장을 공략할 것인가를 기업 스스로가 기획하고 실행할 수 있는 것이다.

결국, 할랄인증이라는 것이 무슬림시장에 대한 진출 측면에서 어떻게 도움이 될 것인가에 대한 분석도 해야 하고, 실제 진출하는데 발생하는 문제점도 파악하고 시장에 어떻게 접근할 것인가 그리고 인증 측면에서 공신력을 갖고 있는 인증기관에 어떻게 접근할 것인가에 대해 다각적으로 조사하는 등 직접적이고 적극적으로 할랄인증문제에 접근하는 자세를 갖는다면 문제는 오히려 쉽게 해결될 수 있다.

특히 건강보조제의 경우에는 할랄식품화하는 노력도 필요하다. 예를 들어 다이어트보조제로서 선식禪食 또는 환약丸藥의 형태로 만들어 식품

형태로 수출을 하게 된다면 그만큼 현지 수입통관절차를 쉽게 할 수 있으며, 식품이기 때문에 인증도 그만큼 쉽게 접근할 수 있다.

필자筆者가 강조하고 강조하는 것은 인증 획득 자체만을 위한 인증을 받으려고 해서는 안 되고, 인증을 받아서 결국 어떻게 마케팅에 도움이 되어 시장을 확대해 나갈 수 있는가를 고민하지 않고는 일회성一回性으로 '우리 기업이 최초로 어느 인증을 받았네'하는 식의 인증은 돈과 시간낭비라는 입장이며, 마케팅에 활용하지도 못할 인증에 목멜 필요도 없고, 이를 조장하거나 아무런 사후 대책도 없이 할랄인증 취득을 주선하는 사람이나 기관이 있다면 그들의 의도를 정확히 파악하라는 것이다.

4) 할랄투어(Halal Tour)

할랄투어란 이슬람율법인 샤리아Shariah에 따라 여행지에서의 외식外食, 숙박, 여가활동 등에서 무슬림의 생활에 적합한 서비스 및 제품을 제공하는 것을 의미한다.

투어에서 가장 빼놓을 수 없는 것은 우선 먹거리이다. 먹지 않으면 어딜 다닐 수가 없기 때문이다. 무슬림들은 돼지고기, 개, 고양이 등 하람제품은 물론이고 할랄식으로 도축되지 않은 동물들을 원칙적으로 섭취하지 못하게 되어 있다.

도축하는 방식이 이슬람적인 경우만 할랄이다. 이슬람적인 도축이란 정신적인 문제가 없는 성인 무슬림이 알라의 기도문을 외우면서 단칼에 가축의 목구멍을 절단해 동맥을 끊는 방식으로 도축해야 한다는 다비하Dhabiha법에 따라 도축하는 것을 가리킨다. 따라서 무슬림들이 세계 각국을 여행할 경우, 가장 크게 부딪히는 문제는 바로 무슬림식의 먹거리를 찾는 것이다.

무슬림국가를 제외한 대부분의 국가에서 가장 싸게 접할 수 있는 음식이 돼지고기인 것은 모두가 알 수 있다. 물론 닭고기는 금기가 아니지만, 할랄식 도계장屠鷄場을 갖춘 국가가 얼마나 많겠는가?

우리나라 같은 경우에는 순대, 돼지족발, 돼지내장국밥 등 얼마나 많은 길거리 음식들과 삼겹살, 목살, 갈매기살, 항정살 등을 판매하는 수많은 음식점이 있다. 특히 우리 국민들이 좋아하는 짜장면을 포함한 중식요리는 쇼트닝이나 돼지기름이 대부분 포함되어 있다. 아마 돼지고기를 팔지 않는 집을 찾는 게 쉽지 않을 정도이다.

그렇다 보니 이슬람권 국가에서 비이슬람권 국가로의 여행은 많은 어려움을 지니게 된다.

/ 표 1 / 무슬림 외래관광객 입국현황

구분		2012	2013	2014
방한외래객 총계		11,140,028	12,175,750	14,201,516
무슬림 외래객	총계	541,518	642,163	751,931
	비율	4.9%	5.3%	5.3%
	증가율	15.7%	18.6%	17.1%

출처 : http://www.korea.kr/policy/cultureView.do?newsId=148792356

우리나라에는 2015년 현재 한국이슬람교중앙회KMF로부터 할랄인증을 받은 식당이 6곳이라고 한다. 그중 5개는 서울 이태원에 그리고 나머지 한 곳은 춘천 남이섬에 있다. 이웃 일본은 그래도 우리나라보다는 많이 200여 개가 있는 것으로 조사되고 있고, 할랄 음식점을 찾아주는 스마트폰 어플리케이션 '할랄 마인즈Halal Minds'가 개발되어 무슬림 관광객들에게 큰 호응을 얻고 있다고 한다. 200여 개라고 하지만 그 큰 일본 영토에 산재해 있는 음식점들을 외국인들이 찾아다니면서 식사를 해결한다는 것은 쉬운 일은 아닐 것이다.

/ 그림 5 / 할랄마인즈 스마트폰 앱 초기화면

필자가 모대학의 교수로서 재직시절에 ASEAN국가의 장학금을 받고 유학생활을 하던 대학생들을 위해 식사자리를 마련해 준 적이 있다. 우리나라의 자장면을 싫어하는 사람이 어디 있겠는가. 또한, 탕수육을 싫어하는 대학생이 어디 있겠는가 생각하고 대학 근처의 중국집으로 초대하여 나름 푸짐하게 한 상을 차려주었다. 그러나 히잡을 쓴 말레이시아 인도네시아 학생들은 정말로 단무지와 양파만 먹는 것이었다. 도저히 이해할 수가 없는 상황이었지만 이게 바로 무슬림들의 식습관인 것이다. 지금도 궁금한 것은 과연 그 유학생들이 1년 동안 뭘 먹고 살았을까 하는 점이다.

물론 무슬림관광객이 집중적으로 모이는 곳이라면 할랄인증이라도 받아 무슬림관광객을 유치하려는 식당이 생겨날 수는 있다. 그러나 우리나라의 경우, 남이섬의 욘사마를 몇십 년이나 우려먹을 수 있다는 말인가, 한류드라마로 인해 선정된 여행지가 과연 얼마나 지속될 것인가를 생각한다면 해법은 쉽지가 않다.

우리나라의 음식점들이 모든 음식재료를 이슬람식으로 도축된 것을 공급받고, 음식의 보관과정, 조리과정 등에서 비할랄적 요소와 접촉하지 않고 무슬림이 요리하는 그런 식당을 운영해서 어떻게 채산성을 맞출 수 있겠는가도 생각해 보아야 한다.

할랄소고기와 하람돼지고기가 한 냉장고에 있어도 안 되고, 할랄인 음료와 알코올로 구성된 주류가 한 냉장고에 보관되어서도 안 되는 상황이라면 무슬림들이 요구하는 할랄식당을 과연 만들 수 있겠는가 하는 의구심마저 든다.

한편 문화체육관광부에서는 지난 2015년 3월 증가하는 무슬림관광객들을 위하여 종교적 관례에 따라 무엇을 먹고 마실 것인지를 결정할 수 있도록 무슬림 관광객을 대상으로 2016년부터 '무슬림 친화식당 등급제도'를 시행한다고 발표한 바 있다.[21] 이 제도는 음식재료 준비와 조리과정에서 이슬람 율법을 지킨 정도를 판단해 식당을 5등급으로 나누는 것이 특징이며, 등급심사를 신청한 식당에 한해 시행하겠다는 계획이다. 또한, 이미 한국관광공사에서는 영문판 E-Book을 통해 118개의 할랄식당을 선정하여 서비스를 제공하고 있다.

---

[21] 동아일보, 2015.3.24., A14면 2단, 「무슬림 관광객 잡아라--'할랄 식당 등급제 도입'」.

/ 표 2 / 무슬림 친화식당 등급제도의 내용

1등급: 할랄인증 (Halal certified)	한국이슬람교중앙회 공식 인증 식당
2등급: 자가인증 (Self certified)	이슬람 신자가 운영하며 자율적으로 모든 메뉴에 할랄 재료 사용
3등급: 무슬림 우호 (Muslim Friendly)	일부 할랄 메뉴를 팔지만 주류도 함께 판매
4등급: 무슬림 환영 (Muslim Welocme)	육류 메뉴를 아예 판매하지 않음
5등급: 돼지고기 미사용(Pork Free)	육류를 판매하나 돼지고기 관련 메뉴는 판매하지 않음

자료: 한국관광공사

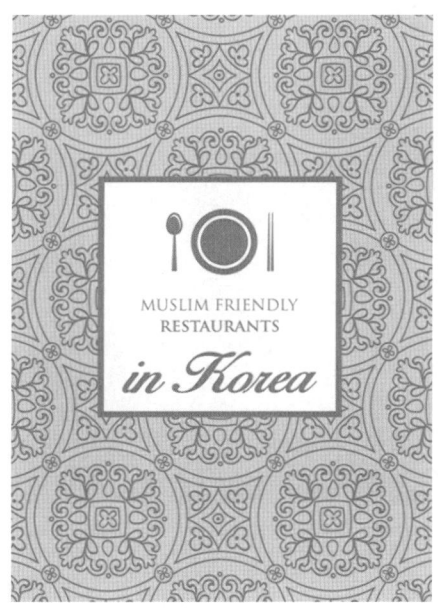

/ 그림 6 / 한국관광공사의 E-book

무슬림 친화식당 등급심사를 신청한 식당은 △한국이슬람교중앙회의 공식 인증을 받은 '할랄인증Halal certified'과 △이슬람교도가 자율적으로 율법에 의한 음식을 만드는 '자가 인증Self certified' △할랄 음식과 주류를 함께 파는 '무슬림 우호Muslim Friendly' △육류를 팔지 않는 '무슬림 환영Muslim Welcome' △돼지고기 메뉴를 팔지 않는 '돼지고기 미사용Pork Free'의 5개 등급 중 하나를 받게 된다.

문체부는 또 한국관광공사와 함께 5월까지 무슬림 친화식당 음식 가이드북을 아랍어로 제작해 이슬람 국가 등에 배포한다는 계획이다.[22]

현재 우리나라에서 할랄레스토랑이라고 하는 것이 대부분 이슬람국가의 정통레스토랑들로서, 명동의 중동식 식당 샤프란SAFFRON, 이태원의 말레이시아식당 사바로SAVARO 등이 자가인증Self-Certified 식당으로, 이태원의 쌀람Salam, 케르반Kervan, 이드Eid 등 5개 식당과 춘천 남이섬의 동문식당 등 6개 식당이 KMF로부터 정식으로 할랄인증을 받은 식당으로 되어 있다.

/ 그림 7 / 명동의 정통 아랍식당 샤프란

/ 그림 8 / 이태원 DUBAI 레스토랑

---

22 물론 서지자료도 무슬림관광객에 도움이 되겠지만, 모든 무슬림이 아랍어를 사용하지는 않음을 감안한다면 다국어검색이 가능한 홈페이지의 개설이나, 일본의 할랄 마인즈Halal Minds처럼 스마트폰 앱으로 보급한다면 정보화시대에 더욱 빠르고 다양한 정보를 제공할 수 있을 것이다.

그렇다면 현재 무슬림 우호레스토랑에 나와 있는 100여 개의 할랄식당만이 한국에 있을 것인가를 다시 한 번 생각해 볼 필요가 있다. 예를 들어 산사山寺 주변에 위치한 대부분의 음식점에서는 산채비빔밥, 도토리묵 등 하람이 아닌 음식을 판매하고 있고, 전국에 수많은 채식뷔페도 많이 존재한다.

또한, 두부요리전문점이라든가, 해물찌개, 칼국수, 구절판 등등 사실상 할랄인증을 받지 않았을 뿐이지 무슬림 우호적인 식당들은 얼마든지 찾아볼 수 있을 것이다.

아직 대부분의 식당이 할랄이 무엇인지조차 모르고, 설령 관계당국에서 할랄 우호적인 식당을 스스로 신청하라고 한다면 과연 얼마나 많은 식당이 이에 응할 것인지도 한번 생각해 볼 일이다.

할랄투어와 관련하여 두 번째로 문제가 되는 것은 숙박시설 등에 필요한 기도실을 제공해야 한다는 것이다.

무슬림들은 하루에 5차례의 기도를 행하게 된다. 최근에는 키블라Kibla, Quibla: 무슬림의 예배방향23를 찾아주는 다양한 스마트폰 앱이 등장하고 있다.

한편 말레이시아와 같이 이슬람이 국교인 국가에서는 공항, 식당가, 호텔객실 등 곳곳에 키블라를 표시하고 기도실을 마련해 놓고 있어 그들의 기도가 생활화되었음을 알 수 있다.

---

23 Kibla는 Quibla, Qiblah, Qibleh, Kiblah, Kıble 등 이슬람국가마다 다른 용어를 사용하기도 하며, 최근에는 전 세계 어디에 있던 자기가 있는 곳의 지명을 입력하면, 사우디아라비아 메카에 있는 카아바kaaba 신전의 방향을 찾아 주는 다양한 스마트폰 웹이 있고, 또한 알람으로 예배시간을 정확히 알려준다.

| 기도방향의 표시 | 기도시간의 표시 |

/ **그림 9** / 스마트폰 앱 Qibla Connect

싱가포르에서 개발된 웹사이트에서는 항공여행 중 시차가 변하는 가운데 정확한 기도시간을 산출해 알려주고 있다.[24]

싱가포르에 거점을 두고 있는 무슬림 여행 컨설턴트사 크레센트레이팅Crescentrating사가 개발한 Air Travel Prayer Time Calculator항공여행 시 예배시간 계산기가 바로 그것이다.

동 웹사이트에 들어가서 출발지와 도착지, 이착륙시간, 비행루트 등의 필요한 데이터를 입력하면 이를 토대로 하여 기내에서 예배를 올려야 하는 시간을 산출하여 가르쳐 준다.

---

[24] http://www.crescentrating.com/air-travel-prayer-time-calculator.html

동사는 호텔 등 여행 관련 시설이 이슬람교 계율에 어느 정도 대응하고 있는지 채점하는 서비스를 제공하고 있는 회사로서 기존에 제공하고 있던

/ **그림 10** / 쇼핑몰과 음식점가의 기도실

서비스는 지상에서 현재 체류하고 있는 지점을 근거로 예배시간을 제공하는 것이었다. 그러다가 지상뿐만 아니라 고공高空을 나는 기내에서 예배시간을 계산해 내는 서비스가 없었기 때문에 많은 이슬람교도들이 불편해하는 것에 착안하여 2012년부터 이러한 서비스를 개시하였다.

/ **그림 11** / 공항에서 홀로 예배하는 무슬림

/ **그림 12** / 공항대합실의 집단예배

현재 할랄관광 또는 무슬림관광을 주도하는 국가는 중동과 북아프리카의 이슬람국가들이며, 유엔 세계관광기구 통계를 보면 중동지역의 해외여행자 수는 지난 2013년 기준 3,230만 명에 이르는 것으로 추정되었다.

지난 3월 박근혜 대통령의 카타르 방문을 계기로 우리나라 문화체육관광부와 카타르 관광청 간 관광협력 양해각서가 체결되기도 하였는데, 관광분야의 주요정보와 통계교류, 의료, 문화, 스포츠관광 등 관광사업 개발, 관광상품 홍보, 마케팅, 그리고 양국 민간분야와 업계 간 교류협력이 주요 내용이었다.

그렇다면 왜 우리나라는 카타르 등 중동관광객의 유치에 심혈을 기울일까? 그건 바로 이들의 씀씀이가 크다는 데 있다.

한국관광공사 등에 따르면 2013년 한국을 방문한 아랍에미리트UAE 관광객이 1인당 의료비로 지출한 돈은 1,771만 원에 이른 것으로 조사되었다. 카자흐스탄(456만 원), 인도네시아(193만 원) 등에서 온 무슬림 의료 관광객들의 지출 수준도 중국인 의료 관광객 1인당 평균(181만 원)보다 높다. 또한, 통계에 잡히지 않는 부분도 많다는 것이다. 지난 2013년 기준 우리나라를 찾은 중동인 총지출경비 가운데 최대금액 초과비중이 7.1%로 중국 3.1%보다 높게 나타난 것에서도 이를 확인할 수 있다. 이른 바 무슬림관광객의 '객단가客單價'가 매우 높은 것이다. 비록 관광객 수는 중국, 일본 등에 못 미치지만 무슬림 1인당 지출액은 이들을 훨씬 웃도는 VIP급 관광객이 다수로 조사된 바 있다.[25]

이런 가운데 카타르와 관광협력 MOU를 체결한 것은 카타르가 1인당 국내총생산이 세계 3위인 10만 달러에 육박할 뿐 아니라, 연간 해외여행객의 해외지출이 56억 달러로 GCC 6개 중동 산유국 중에서 네 번째로 여행객의 해외지출 규모가 크다는 점도 의미가 크다고 할 것이다.

문화체육관광부는 이번 MOU체결이 중국인 의존도가 큰 국내관광시장이 '포스트 유커'시대를 한층 앞당기는 데 필요한 중동 무슬림관광시장 개척에 큰 전환점이 될 것으로 기대하는 것이다.

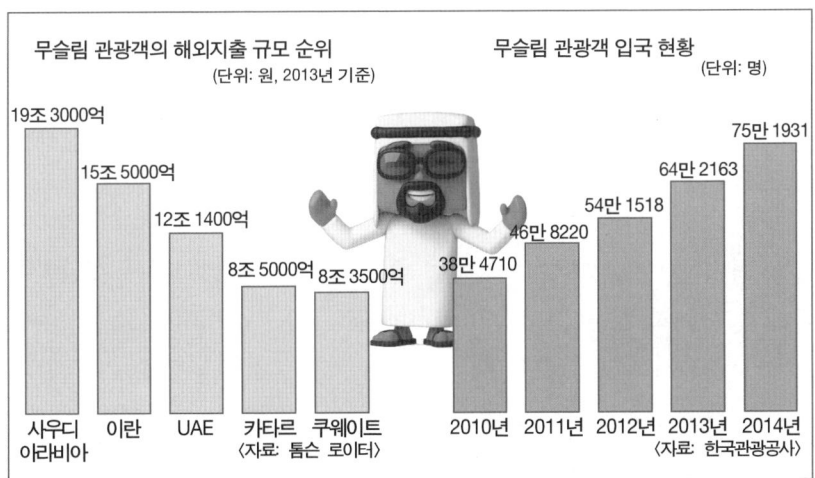

/ 그림 13 / 무슬림관광객의 해외지출과 우리나라 무슬림관광현황
자료: http://indianiyagy.blogspot.com/2015/04/blog-post_340.html

---

25 http://www.seoul.co.kr/news/newsView.php?id=20150418012007

한국관광공사의 아시아·중동 팀장은 "병원 관계자에 따르면 무슬림 남성 한 명이 레지던스를 통째로 빌려서 서너 명의 부인에 사촌까지 데려와 함께 지내다 가는 경우도 종종 있어, 이런 경우 전체적인 통계를 내기 어렵다"고 말했다. 체류 기간도 중동 지역 관광객은 10일 이상이다. 따라서 무슬림 시장은 중국을 이어 갈 차세대 블루오션으로 평가되는 것이다.

한편 세계관광기구 World Tourism Organisation 자료에 따르면 아랍 국가들의 해외여행객은 매년 180만 명씩 증가하여 2025년에는 3,700만 명에 이를 것으로 예측하고 있다.

5) 할랄금융(Halal Finance)

금융이란 자금의 융통을 의미한다. 이것은 단순한 화폐의 교환 또는 매매, 대부만을 의미하는 것이 아니다. 즉, 금융이란 실물경제를 뒷받침하는 혈관과 같은 역할을 수행한다고 볼 수 있어, 이슬람경제 또는 할랄경제의 발전은 곧 이슬람금융 또는 할랄금융의 발전과 상호 밀접한 관계가 있다.

주로 이슬람권의 국가들은 대부분 산유국들이 많지만 이슬람금융은 오일 머니 oil money를 기반으로 하는 중동 자금과는 전혀 다른 개념이며, 이자 및 투기적 계약이 금지된다는 면에서 일반 금융의 구조와 근본적으로 다르다.

이들은 지난 2008년 서브프라임 모기지 사태에도 불구하고 경제적인 성장을 구가해 왔으며, 2010년 1조 달러에 달하던 할랄금융시장 규모는 2014년 2조 1천억 달러로 배증倍增해 왔다.

이슬람은 개인의 경제활동의 자유를 보장하는 제도적 기반 위에 공동체의 발전을 추구하는 것을 경제적 이념으로 삼고 있다. 즉, 경제적 효율성을 밑바탕으로 하면서 경제적 형평성을 달성하는 것을 목표로 한다.

이슬람은 사유재산권을 보호하고 자유로운 경제적 거래를 권장하며, 사후적인 균등을 추구하지 않고 사전적인 기회의 균등을 추구한다. 즉, 이슬람은 효율성의 전제하에서 형평성을 추구하는 정의로운 경제체제를 구축하는 것을 목표로 한다고 해석할 수 있다.[26]

위와 같은 원칙에 따라 할랄금융의 특징을 요약하면 다음과 같다.

① 리바(riba, 이자) 수수 금지
② 상업거래(bay) 장려
③ 모호한 계약 금지
④ 도박적 요소 제거
⑤ 부정한 품목에 대한 금융거래 금지 등이다.

먼저 이자수수의 금지와 상업거래의 장려에 대해 살펴보기로 한다. 정의를 실현하고자 하는 이슬람의 경제 원칙은 구체적으로 이슬람 금융을 통해 구현되고 있으며, 이슬람은 이자를 매개로 한 금융 거래는 위험공유의 측면에서 대출자에게 유리하고 차입자에게 불리한 현상으로 파악하고 있다.

다시 말해, 대출자는 고정된 이자[27]를 수취함으로써 미래의 위험을

---

[26] 강대창, "이슬람 금융의 구조와 정책적 시사점: 수쿠을 중심으로", 대외경제정책연구원, 2012.12, pp.19~21.
[27] 흔히 서구자본주의에서 말하는 이자를 아랍어로는 리바riba라고 하는데 이는 증가, 성장, 확장, 부풀어 오름을 의미한다. 아랍권에서는 화폐에 대한 이자뿐만 아니라, 춘궁기春窮期에 빌려준 실물자산에 대한 실물이자도 원칙적으로 금지한다.

전혀 감당하지 않고 차입자가 모든 위험을 감당한다고 보기 때문에 이슬람 경제에서는 이자를 허용하지 않는다. 대신 이슬람은 양자가 위험을 공유[28]할 수 있도록 하는 금융제도를 구축하고 있다.

이자를 금지할 뿐만 아니라 채무자가 원금도 갚을 형편이 되지 않으면 독촉하거나, 재산을 압류하는 방식으로 채무자의 불행을 기회로 이익을 취하는 것을 금지하는데, 위험을 감수하지 않고 얻는 이자는 성실한 노력을 저해하는 불로소득으로 정당하지 않으며, 불로소득은 빈익빈 부익부를 초래한다는 것이다. 이슬람교에서는 고리대금이 인간의 자비심이 바탕이 되는 동정심을 파괴하고, 인간의 영혼을 병들게 한다는 입장이다.

또한, 이슬람은 계약을 중시하며, 계약에서 불명확성을 배제하는 것을 중요한 원칙으로 삼는다. 이는 정보의 문제를 경제적 효율성의 관점이 아니라 경제적 형평성의 관점에서 접근하고자 하는 것이다. 즉, 이슬람은 위험과 정보의 양 측면에서 형평성을 구현하기 위한 경제구조를 지향한다. 따라서 이슬람은 공공 복리 증진을 목표로 한 이슬람 법률 체계로 금융 구조와 거래를 규율하고 있다.

도박적 요소[29]와 부정한 품목의 거래를 금지하는 샤리아에 따라 도박, 술, 마약거래, 무기거래, 돼지고기 등에 대한 투자와 거래를 철저히 금하고 있다.

이슬람 금융의 대표적인 상품은 채권 성격의 수쿠크Sukuk가 있으며,

---

[28] 손익분배제도PLS: Profit and Lose Sharing의 개념을 도입하여 대출자나 차입자가 이익이 발생하든 손해가 발생하든 공동투자자의 입장에 처하게 된다.
[29] 가라르Gharar는 주로 불확실uncertainty, 위험risk이나 투기speculation 등으로 번역되고 있으나 좀 더 엄밀한 의미로는 요행을 바라는 즉 결과가 불확실한 모든 거래를 의미하며, 도박Qimar과 이자riba와 함께 금기시된다.

타카풀Takaful; 보험30, 무다라바Mudarabah; 신탁금융, 무샤라카Musharaka; 출자금융, 무라바하Murabaha; 소비자금융, 이스티스나Istisnaa; 생산자금융, 이자라Ijara; 리스금융 등이 있다.

국제금융시장과 가장 관련성이 높은 금융거래는 이슬람채권인 수쿠크Sukuk31인데, 보통 외국채권foreign bond32들이 발행국의 별칭을 이용하여 영국의 블독본드, 미국의 양키본드, 일본의 사무라이본드 그리고 한국의 아리랑본드 등으로 불리는데 반하여 이슬람국가에서는 수쿠크라 불리고 있다.

/ 표 3 / 이슬람금융의 종류

기초거래	상품	비고
매 매	무라바하(murabahah)	높은 활용도
선도매매거래	살람(salam)	
리 스	이자라(ijarah)	
투자/신탁	무샤라카(musharakah), 무다라바(mudarabah)	이슬람금융의 이상理想
상호부조(보험)	타카풀(takaful)	이슬람 보험

30 샤리아의 관점에서 보험은 불확실한 미래에 대한 도박 행위로 간주된다. 이에 따라 창안된 개념이 타카풀Takaful인데, 이는 아랍어로 '서로에 대한 기여'를 뜻한다. 즉, 타카풀은 개인 대 회사의 계약 관계가 아닌 공동체의 서로에 대한 자발적 지원 시스템을 뜻한다. 즉, 타카풀은 (1) 참여자들의 파트너십, (2) 자금을 운용하는 사람/기관과의 약속, (3) 참여자들과 운영자와의 '보험 계약'이 아닌 '자금 운영위탁', (4) 샤리아에 부합하는 투자를 기초로 이루어지는 일종의 협동조합이다. 출처: http://islamfinance.tistory.com/14

31 사크(수쿠크의 단수형)는 어음 또는 수표를 뜻하는 영어 단어 체크check의 어원이다. 어음이나 수표는 원래 이슬람 상인이 10세기경까지 사용한 것으로, 이슬람 사회가 상업을 중시했음을 알 수 있다.

32 특정국의 외국인 비거주자가 특정국의 법률에 의해 특정국의 표시통화로 채권을 발행하여 자금을 조달하는 시장을 말한다.

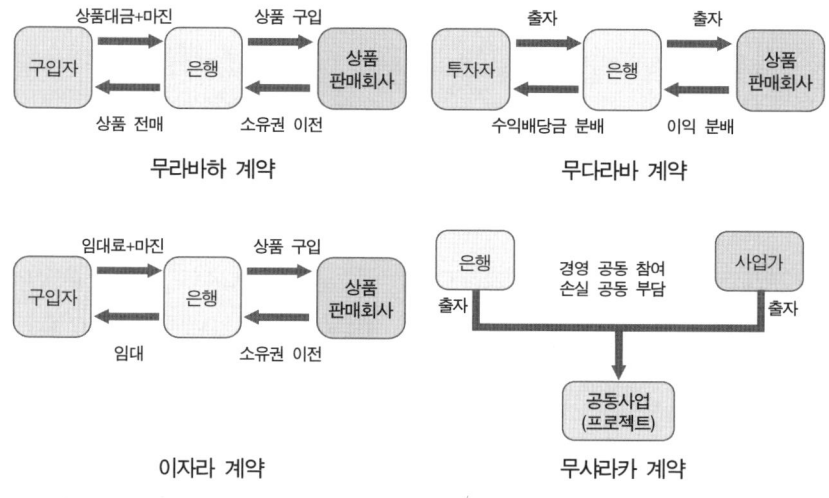

/ **그림 14** / 이슬람금융의 거래방법

이하에서는 몇 가지 중요한 이슬람금융 상품에 대하여 알아본다.

① 무라바하(Murabaha)

단순하게 표현하자면 고객의 요청에 따라 이슬람 은행이 자산을 담보화하지 않고 은행이 실제로 구입하는 형태이다. 이후, 원금 및 이자 지불 대신 고객이 은행과 약속한 마진을 추가해서 소유권을 고객에게 전매하는 방식이며 보통 지급 시점을 늦추거나 분할로 나누어 지불할 수 있기에 이런 마진을 부여하는 것을 정당화한다.

이런 무라바하 거래는 부동산 담보 대출이나 프로젝트 파이낸싱 등에 주로 이용된다. 이 형태의 특성은, 사업의 결과나 시장의 상황에 따라 자산 가치 상승으로 예상보다 많은 수익이 은행에 지불될 수도 있으며, 또한, 반대로 가치 하락이나 부동산 소유주로서의 법적 리스크가 은행 측에 존재할 수 있다는 점이다.

② 무다라바(Mudarabah)

은행이 사업하는 고객에게 자본금을 출자하는 일종의 벤처 캐피탈 Venture Capital 투자 형태이다. 은행이 출자하고 고객이 사업을 경영하는 구조로써 이익은 미리 협상된 비율에 따라 배분한다. 보통 은행이 사업에 필요한 모든 재정을 지원하고 고객이 대리 운영을 하며 생긴 이익 혹은 손실을 은행과 고객이 나누어 배분한다. 단기적인 투자 사업 혹은 무역 거래에서 주로 사용되는 금융 방식이다.

③ 이자라(ijara)

일반적인 임대 계약 방식(리스방식)과 유사하며 이슬람 은행이 임대인이 되고 자산(부동산 혹은 동산)을 고객에게 임대하는 형태이다. 이 경우 금융 계약 기간 동안 자산에 대한 유지 보수 책임이 임대인인 은행에게 주어지며 계약 종료 시 임차인인 고객이 재매입할 수 있는 선택권이 부여된다. 이런 형태의 금융 계약인 경우 임대료에 대한 사전 계약을 통해 은행은 안정적인 이익을 얻을 수 있으나, 자산의 소유주로서 자산 손실의 위험 부담을 가지게 된다. 일례로 자연재해 등으로 인해 임대차한 자산(부동산이 혹은 동산)이 소멸된 경우, 임차인은 임대료를 지불할 의무가 없어짐으로 이에 따른 리스크가 은행에 남게 된다.

④ 무샤라카(Musharakah)

일반적인 합작투자 Joint Venture 혹은 합자 회사와 유사하며 은행과 고객이 공동으로 사업자금을 출자하여 지분참여를 하고 함께 경영한다. 금융 계약이라기보다 동업 구조라고 불리는 것이 더 적당할 듯한 이 형태는 사실 이슬람금융의 원칙에 가장 부합된다고 볼 수 있으며, 서구의 투자 은행 방식과도 유사하다. 대부분 장기적인 투자 사업에 이용된다. 지난 2008년 국제금융 위기 때 미국의 Citi은행이 아부다비 투자청ADIA 로부터 75억 달러에 달하는 출자를 받을 때 이용되었던 계약 방식이 바로 무샤라카방식이었다.

/ 표 4 / 수쿠크와 일반채권의 비교

수쿠크 채권	일반 채권
• 실물자산에 대한 소유지분	• 부채에 대한 의무권리를 표시
• 이슬람율법에 따라 발행	• 발행국의 법률에 의해 발행
• 자산관련비용을 보유자가 부담 가능	• 채권자는 자산관련비용과 무관함
• 원금과 이자가 보장되지 않음	• 원금과 이자를 발행자가 보장

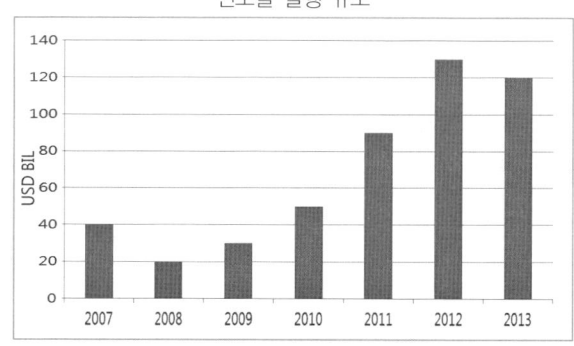

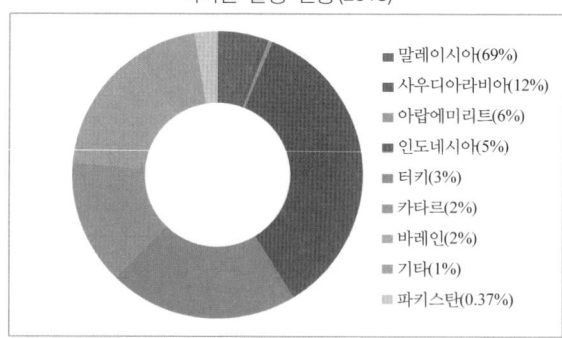

/ 그림 15 / 수쿠크의 발행추이

수쿠크는 기초자산과 발행자, 수익자를 연결하는 구조에 따라 다양한 형태로 발행이 가능한데 AAOIFI Accounting and Auditing Organization for Islamic Financial Institutions, 이슬람금융회사를 위한 회계감사기구는 수쿠크의 종류를 기초자산의 종류에 따라 14가지로 구분한다.

2014년 현재 수쿠크 시장은 2조 달러 규모로 추정되며, 국제신용평가사인 스탠더드 앤드 푸어스 S&P는 세계 이슬람 금융자산이 2015년에는 3조 달러, 2020년에는 6조 달러까지 늘어날 것으로 전망하고 있다.

할랄금융에서는 오직 이슬람율법인 샤리아에 부합한 금융상품 및 서비스만 허용되기 때문에, 이를 위해 이슬람 금융기관은 이슬람 법학자로 구성된 샤리아위원회 Shariah board를 설치하고 금융거래의 적격여부를 판별하는 샤리아 심사 Shariah screening를 엄격히 실시하고 있다.

한편 말레이시아의 할랄금융은 1963년에 성지순례기금이 조성되면서 시작되었는데, 1983년에는 말레이 이슬람 은행, 1984년에는 말레이시아 이슬람 국민보험이 각각 도입되면서 본격적으로 발전하고 있다. 말레이시아가 개척한 할랄금융은 종합 약관, 감독 그리고 진보된 프레임워크를 제시함으로써 글로벌 할랄금융시장에서 말레이시아가 주도적인 위치에 오르게 하는 원동력이 되었다.

현재 말레이시아는 전통 은행도 할랄금융을 취급할 수 있도록 허용하면서 16개 이슬람 은행과 11개 이슬람 보험사가 말레이시아 중앙은행으로부터 라이선스를 받아 사업을 벌이고 있다. 2008~2012년 동안 이슬람 금융권이 연간 자산 성장률 18.6%로 9.3%에 머문 전통 은행을 추월했으며 자산도 2012년 1,250억 달러에서 오는 2018년에는 3,900억 달러로 성장할 전망이다.

말레이시아는 또한 이슬람 채권의 일종인 '수쿠크'의 세계 최대 발행국이다. 2013년 현재 전 세계 수쿠크의 69%, 824억 달러를 발행했으며 이슬람 보험 분야에서도 22억 달러로 세계 2위를 기록하고 있다.

지난해 세계 할랄금융이 1조 5,000억 달러까지 성장한 것으로 발표되면서 말레이시아의 할랄금융시장 전망을 밝게 해주고 있다.

제4절 할랄시장의 규모

경영학 또는 경제학에서 특정시장의 규모를 측정하는 것은 대단히 어려운 문제이다. 이것은 특정산업을 어떻게 정의하느냐에 따라 엄청난 차이를 가져오기 때문이다.

예를 들어 자동차산업의 크기를 측정한다고 가정하여 보자. 이 경우 자동차는 승용자동차, 승합자동차, 화물자동차, 특수자동차, 이륜자동차 등 수많은 세부시장으로 구성되어 있다. 여기에 자동차에 원자재를 납품하는 기업들, 예를 들어 엔진, 오디오, 타이어 등등 수많은 연관산업이 존재한다.

할랄식품도 마찬가지이다. 식품을 어떻게 정의할 것인가에 따라 수산물, 육류, 채소류 등등 수많은 시장이 존재하고, 또한 이러한 식품을 제조하는 데 필요한 각종 양념이나 향신료, 장류醬類 등을 포함할 것인가의 여부에 따라 시장의 크기는 크게 달라지게 된다.

따라서 전체 할랄시장의 규모를 예측한다는 것은 대단히 어려운 문제이다. 그것은 할랄이 특정 식품과 같은 단일품목에 대한 것이 아니라 이슬람문화권의 의식주 등 생활을 지배하는 개념이기 때문에 총체적인 할랄시장의 규모를 묻는다는 것은 우문愚問중의 우문이라고 볼 수 있다.

또한, 모든 무슬림이 할랄제품만을 사용한다고 추정할 수도 없다. 다만 그들이 제품을 선택할 때 고려요인이 될 수는 있을지 모르지만, 반드시 할랄제품만을 먹는다는 보장도 없기 때문이다.

/ 표 5 / 세계 할랄 식품 시장의 규모 추계

단위: 10억 달러

지역	2004	2005	2009	2010
글로벌 할랄 식품 시장 규모	587.2	596.1	634.5	641.5
1. 아프리카	136.9	139.5	150.3	154.47
2. 아시안 국가	369.6	375.8	400.1	406.1
GCC 제국	38.4	39.5	43.8	44.7
인도네시아	72.9	73.9	77.6	78.5
중국	18.5	18.9	20.8	21.2
인도	21.8	22.1	23.6	24.0
말레이시아	6.6	6.9	8.2	8.4
3. 유럽	64.3	64.4	66.6	67.0
프랑스	16.4	16.5	17.4	17.6
러시아	20.7	20.8	21.7	21.9
영국	3.4	3.5	4.1	4.2
4. 오스트레일리아	1.1	1.1	1.5	1.6
5. 미주	15.3	15.5	16.1	16.2
미국	12.3	12.5	12.9	13.1
캐나다	1.4	1.5	1.8	1.9

자료: WHF 사무국/KasehDla 분소

일단 총체적인 시장의 규모를 파악하기 위해서 이슬람권의 인구구조를 파악해 보는 것이 가장 먼저 행할 분석인 것 같다.

퓨 리서치Pew Research의 2015년 3월 2일 자 보고서를 보면[33] 2010년 현재 무슬림 인구는 16억 명으로 40년 후인 2050년에는 25억 5천만 명으로 크리스천 인구에 육박하고 전 세계 인구의 29.7%를 차지할 것으로 추정

---

33 http://www.pewforum.org/2015/04/02/religious-projections-2010-2050/

하고 있다.

/ 표 6 / Pew Research의 2010~50년의 종교별 인구추정

종교	2010년 인구수(천명)	구성비 (%)	2050년 인구수(천명)	구성비 (%)	인구순증가 (천명)
크리스천	2,168,330	31.4	2,918,070	31.4	749,740
무슬림	1,599,700	23.2	2,761,480	29.7	1,161,780
무종교	1,131,150	16.4	1,230,340	13.2	99,190
힌두교	1,032,210	15.0	1,384,360	14.9	352,140
불교	487,760	7.1	486,270	5.2	-1,490
토속신앙	404,690	509	449,140	4.8	44,550
기타종교	58,150	0.8	61,450	0.7	3,300
유대교	13,860	0.2	16,090	0.2	2,230
세계총인구	6,895,950	100.0	9,307,190	100.0	2,411,340

이와 같은 폭발적인 인구증가는 무슬림들이 율법에 의해 낙태가 금지되어 있고, 또한 여타 종교에 비해 종교적 규율을 엄격하게 지키기 때문이라고 보여진다. 또한, 연령별 인구 구성비를 보면 2010년 현재 15세 이하의 무슬림 인구 구성비가 34%를 차지하고 있어 그만큼 출산인구비중이 높으며, 이슬람권 여성 1인당 3.1명의 아이를 낳고 있어 전 세계 평균인 2.5명보다 높으며 기독교 2.7명, 힌두교 2.4명, 유대교 2.3명보다 훨씬 높은 출산율을 보이고 있는 것이다.

특히 2030년 인구의 평균연령을 비교해 보면 57개국 OIC국가는 30세에 불과한 데 반하여, 유럽과 북미의 평균연령은 44세로 예측되고 있는데 이는 그만큼 이슬람권 국가들의 출산율이 높을 것이라는 예측의 근거가 될 수 있는 것이다.[34]

---

[34] http://seacenter.snu.ac.kr

	15세 미만	15세 이상 60세 미만	60세 이상
이슬람교	34%	60%	7
힌두교	30	62	8
기독교	27	60	14
토속신앙	22	67	11
기타	21	65	14
유대교	21	59	20
불교	20	65	15
무교	19	68	13
세계	27	62	11

Source: The Future of World Religions: Population Growth Projections, 2010-2050
PEW RESEARCH CENTER

/ 그림 16 / 2010년 현재 종교별 인구 구성비

　이러한 인구규모의 증가요인 이외에도 이슬람권 시장의 규모는 폭발적으로 확대될 것으로 보이는데, 이러한 추정의 근거는 대부분의 이슬람권국가들이 산유국들로 구성되어 있고, 또한 현재 서구 선진국에 진입한 국가보다는 개발도상국의 상태에 있으므로 경제성장률도 그만큼 높아질 것이기 때문이다.

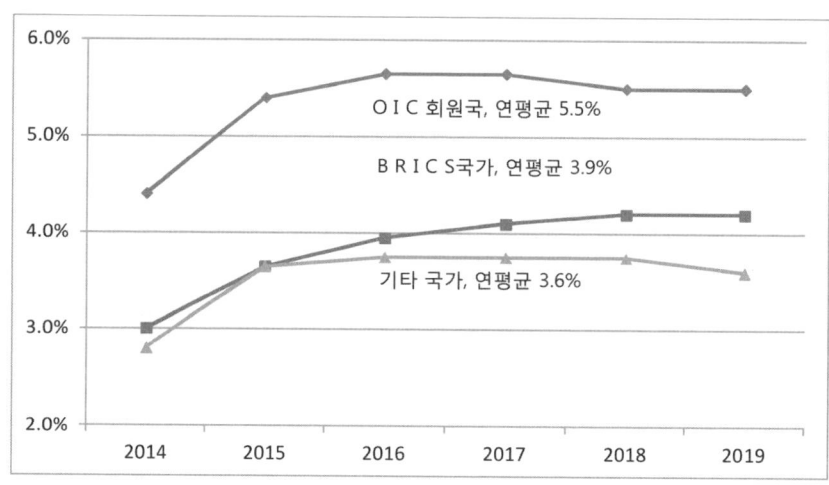

/ **그림 17** / OIC국가와 다른 국가들의 연평균 경제성장전망

대외경제정책연구원의 2014년 보고서에 따르면 2012년 기준 전 세계 할랄 제품시장 규모는 1조 6,000억 달러(한화 1,700조 원)로 추정되며, 이슬람 인구의 증가에 따라 2018년 할랄 시장의 규모는 2조 5,000억 달러(한화 2,700조 원)까지 확대될 것으로 전망하고 있다.[35]

그러나 이러한 전망은 대단히 보수적인 전망이 될 수 있다. 왜냐하면, 할랄 상품시장을 파악할 경우, 무슬림시장만을 대상으로 파악할 수도 있지만, 할랄 상품의 각종 규정과 규제가 친환경, 생명존중 등의 의미로 확대되면서 비이슬람권의 할랄 상품구매행태가 새로운 마켓 트렌드로 확산되는 경향이 있기 때문이다.[36]

실제 할랄 식품규정에 젤라틴, 쇼트닝 등 동물성유지의 사용을 금지하고,

---

[35] 윤서영, "국제 할랄 시장 동향 및 시사점: 말레이시아와 UAE를 중심으로", 『KIEP 지역경제포커스』, 2014.5.14.
[36] 할랄식품은 깨끗하고 안전한 식품이라는 인식 확대로 비무슬림 사이에서도 인기가 상승하고 있다. 예를 들어 네덜란드의 할랄쿠키, 초콜릿 제조업체 마르하바의 경우 소비자의 25%는 비무슬림인 것으로 조사된 바 있다.

화학제품, 보존제 또는 유전자조작 식품원료의 사용을 규제하고 있기 때문에 청정淸淨 음식이라는 인식과 함께 인체에 이롭다는 인식이 확산되고 있어 구미 선진국의 비무슬림도 할랄 식품 구매를 늘려가고 있는 추세이다. 따라서 앞서의 전망치를 크게 상회하는 시장규모가 될 가능성은 얼마든지 있다.[37]

한편 2010년 현재 무슬림 인구가 가장 많은 국가는 인도네시아로서 2억 명이 넘으며, 10대 무슬림 국가의 인구만도 약 10억 명을 훨씬 상회하고 있다. 국가별 인구증가율을 감안하여 2030년에는 파키스탄의 무슬림 인구가 2억 5천만 명을 상회하여 최대 무슬림 인구국가로 부상하며, 10대 무슬림 인구만 14억 명을 초과하는 것으로 나타나고 있다.

/ 표 7 / 세계 10대 주요 무슬림국가

2010년 10대 무슬림 인구국가		2030년 추정 10대 무슬림 인구국가	
국가명	무슬림 인구	국가명	무슬림 인구
인도네시아	204,847,000	파키스탄	256,117,000
파키스탄	178,097,000	인도네시아	238,833,000
인도	177,286,000	인도	236,182,000
방글라데시	148,607,000	방글라데시	187,506,000
이집트	80,024,000	나이지리아	116,832,000
나이지리아	75,819,000	이집트	105,065,000
이란	74,819,000	이란	89,626,000
터키	74,660,000	터키	89,127,000
알제리	34,780,000	아프가니스탄	50,527,000
모로코	32,381,000	이라크	48,350,000
10대국 합계	1,081,320,000	10대국 합계	1,418,165,000

---

37 유대교에서는 율법에 따라 코셔Kosher음식을 먹도록 하지만, 코셔음식은 할랄음식보다 매우 까다로운 조건을 제시하고 있어 일부 젊고 개방적인 부류에서는 할랄식품으로 대체 소비하는 경향이 높아 유대교도의 소비시장도 고려해야 한다.

현재 아시아에서는 말레이시아가 할랄식품 최대 수출국으로 2013년 98억 달러를 수출하였으며, 태국은 식품의 25%를 할랄제품으로 생산하고 있다. 또한, 인도네시아는 2015년에 할랄 산업센터를 건립하고 새로운 수출국가로 부상하기 위해 노력하고 있다.

지금까지 비무슬림 다국적 기업이 할랄식품 시장의 80%를 장악하고 있는데, 스위스 네슬레는 1980년대부터 할랄 전담팀을 꾸려, 말레이시아를 할랄 식품 연구·생산거점으로 만들었다. 전 세계 450여 공장 중 85개 공장이 할랄인증을 받았다. 커피, 과자 등 할랄인증을 받은 제품만 150여 종류에 달한다.

프랑스 다농은 생수 브랜드인 '아쿠아 워터'를 할랄 기준에 따라 인도네시아에서 생산한다. KFC는 2009년 영국에서 이슬람 율법에 따라 도축한 육류를 사용해 만든 '할랄 버거' 매장을 100여 곳 열었다. 맥도널드는 말레이시아에 진출한 모든 매장이 할랄인증을 받았고, 버거킹은 '할랄 치킨 너겟'을 개발해 시장을 확대하고 있다. 다국적기업들은 마케팅에서도 철저한 현지화 전략을 추구한다. 코카콜라가 이슬람 성지인 메카를 접목해 '메카 콜라'를 출시하고, 네슬레가 알라의 99개 특징을 소재로 제작한 만화영화를 접목해 '99생수'를 파는 식이다.

다국적기업이 노리는 할랄 시장은 스낵, 화장품, 의약품, 미용비누, 건강보조제 등 비非식품 분야에서 서비스 분야까지 확대되고 있다. 영국의 화장품 브랜드인 사프 퓨어사는 2008년 세계 최초로 할랄 화장품 인증을 받았다. 콜게이트 치약은 이슬람법이 금지한 어떤 동물성 재료도 쓰지 않았다는 점을 부각시켜 대표적 할랄 브랜드로 부상했다.

/ 표 8 / 주요 기업의 할랄수출공급현황

브랜드명	주요품목(제품명)	수출국
Nestle (스위스)	커피(NESCAFE), 면류(MAGGI), 과자(KIT KAT), 우유조제품(NESTLE), 단백질바(MUSASHI), 소스(MAGGI) 우유(CARNATION), 단백질 파우더(MUSASHI) 단백질 우유(MUSASHI) 등	전 세계
Saffron Road (미국)	소스(Simmer Sauce), 치킨너겟(Chicken Nuggets), 스프(Broth) 등	미국
Al Islami (UAE)	치킨(Frozen Chicken Breast), 버거(Beef Burger Bag), 소시지(Beef Franks), 스넥(Beef Kibbeh) 등	중동
Allanasons (인도)	육류제품(Saffa), 과자(Premier) 등	인도
Tahira (영국)	육류(Beef Burger), 음료(Berry) 소시지(Chicken Sausages) 등	유럽
Isla Delice (프랑스)	햄(Delice de Dinde), 핫도그(Hot Dog) 면류(Box Penne Carbonara) 등	유럽
국내업체	희창유업: 커피크리머(Coffee Creamer) 롯데칠성음료: 밀키스(Milks) 농심: 신라면(Shin Ramen) 대상FNF: 맛김치(MAT KIMCHI) 티젠: 녹차(GREEN TEA)	아세안
	희창유업: 커피크리머(Coffee Creamer) 오리온: 초코파이(Choco Pie) 롯데: 스파우트 껌(SPOUT GUM) 농심: 신라면(Shin Ramen) 티젠: 녹차(GREEN TEA) 매일유업: 매일맘마(Maeil Mamma)	GCC

한편 외식업계에서 맥도날드McDonald's는 일찍부터 할랄식품 시장의 잠재성을 간파하고 1995년에 말레이시아에서 식품뿐만 아니라 사용하는 식기 등의 제품, 운반과정, 보관 및 조직, 사후관리 등 전 과정에 대해

JAKIM으로부터 할랄인증을 받았는데 이는 말레이시아에 진출한 패스트푸드 기업 가운데 최초의 인증으로 기록되고 있다.

우리나라의 외식기업으로는 네네치킨, 롯데리아, BBQ, 델리만쥬 등 39개의 외식업체가 할랄인증을 받고 총 169개 점포가 진출한 것으로 알려졌다.

/ 그림 17 / 최초로 싱가포르 할랄인증을 받은 네네치킨

네네치킨은 치킨업계 최초로 할랄인증을 받은 사례로 꼽힌다. 네네치킨은 2013년 소스 제품에 대해 처음 할랄halal인증을 획득하고, 싱가포르 매장에 할랄 제품을 사용하고 있다.

할랄인증을 받은 품목은 양념치킨 소스, 쇼킹핫 양념 소스, 배터믹스 등 싱가포르 매장에서 취급하는 소스와 파우더 제품이다. 네네치킨은 소스뿐 아니라 치킨의 주재료인 계육 또한 싱가포르 현지에서 할랄인증을 받은 것을 사용하고 있다. 네네치킨은 2013년 할랄인증을 받은 후, 싱가포르 현지 매장이 할랄 매장으로 인증됨에 따라 매출이 꾸준히 증가하여 2015년 현재 평균 매출이 할랄인증 전과 비교해 30% 가까이 신장되었다고 한다.

BBQ도 할랄 푸드 시장 공략에 박차를 가하고 있다. BBQ 싱가포르 매장에서는 싱가포르에선 고추장이 들어간 한국형 양념치킨과 함께 고추장이 없는 '이슬람용' 양념치킨을 판다. 이슬람용 양념치킨에는 알코올을 금하는 이슬람 교리에 따라 발효식품인 고추장 대신 칠리소스로 매운맛을 내며, 닭도 쿠란의 기도문을 암송한 뒤 도축한 할랄 의식을 거친 것을 사용한다.

교촌치킨 역시 2013년 7월 할랄인증을 획득하고 이슬람 시장 진출을 위해 박차를 가하고 있다. 교촌치킨은 소스 3개(교촌소스, 핫소스, 허니소스) 품목에 대해 세계 60여 국가에서 생산되는 제품을 인증하는 세계적 할랄인증기관, 미국 이슬람 식품영양협의회IFANCA로부터 할랄인증을 받았다.

이와 같이 우리나라 치킨업계가 할랄인증을 취득하고 해외진출에 박차를 가하는 이유는 가격적인 면에서 소비자에게 큰 부담이 없고, 또한 닭이 조류로서 할랄이므로 이슬람권 국가에서 큰 소비시장을 형성하고 있기 때문인 것으로 보인다.

/ 표 9 / 우리나라 식품 축산분야 할랄인증 현황

업체명		분야	인증시기	비 고
식품 분야	대상	마요네즈	2010.12	인도네시아 MUI 할랄인증
		김, 옥수수유, 당면, 물엿	2012.1	
	농심	신라면 등 면류	2011.4	한국이슬람교 중앙회(KMF) 할랄인증
	파리 바게뜨	—	2012.12	한국이슬람교 중앙회(KMF) 할랄인증
	CJ제일 제당	햇반, 조미김, 김치(30개 품목)	2013.3	말레이시아 JAKIM 할랄인증
	크라운 제과	죠리퐁, 콘침 (4개 품목)	2013.5	싱가포르 MUIS 할랄인증

	풀무원	라면	2013.7	말레이시아 JAKIM 할랄인증
	전남 고흥군	유자식품	2013.7	말레이시아 JAKIM 할랄인증
	아워홈	국, 탕, 김치, 면, 떡, 어묵, 장류, 두부 등	2013.6	농식품부와 제품개발 및 연구
	동아원	제분 1등급 (87개 품목)	2013.8	말레이시아 JAKIM 할랄인증
축산 분야	남양 유업	멸균초코우유	2011.10	말레이시아 JAKIM 할랄인증
	네네 치킨	양념치킨소스, 오리엔탈 파닭 소스(11개 품목)	2013.4	한국이슬람교 중앙회(KMF) 할랄인증
	교촌 치킨	─	2013.8	할랄인증 획득을 위해 펜타글로벌과 컨설팅 계약

출처: http://www.cnbnews.com/news/article.html?no=277285

제2부

이슬람의 이해와 할랄

제3장 이슬람과 할랄

제4장 이슬람, 중동, 아랍의 차이

제5장 이슬람교의 이해

제6장 이슬람의 종파

제7장 이슬람의 생활

제3장 이슬람과 할랄

제1절 할랄, 하람, 마쉬부흐 그리고 나지스의 의미

할랄Halal이란 '허용된permitted or allowed'이라는 아랍어로 이슬람법Islamic Shariah Law에 의해 사용이 허가된 것을 뜻한다.[1] 우리나라에서는 마치 할랄이라고 하면 음식과 연관 지어서 생각하고 있는데, 이건 완전히 잘못된 생각이다. 즉, 할랄은 단지 음식만을 의미하지 않으며 무슬림의 모든 의식주생활과 연관된 의복, 비즈니스, 직업, 금융, 투자 등과 관련된 모든 사항을 포함하고 있다.[2]

할랄은 다시 크게 세 가지로 나누어 볼 수 있다.

① 파르드(fard: 반드시 해야 할 의무): 이것을 행하면 알라의 보상을 받지만, 행하지 않으면 벌을 받음
   예) 예배, 단식, 성지순례 등

---

[1] 할랄로 규정된 것을 단순히 'permitted or allowed'로 해석을 하면 굉장히 범위가 좁아진다. 왜냐하면, 무함마드 사후 헤아릴 수 없는 신물질과 상품들이 쏟아져 나왔기 때문이다. 따라서 오늘날 할랄의 의미는 '허용할 수 있다는permissible' 개념으로 확대하는 경향이 있다.

[2] CAP(Consumer Association Penang) (2006). Halal Haram Pulau Pinang: Persatuan Pengguna Pulau Pinang. Retrieved on http://consumer.org.my/

② 만두브(mandub: 권장사항): 실천하면 보상을 받지만 태만할 경우에도 처벌을 받지 않음.
  ㉠ 우므라(성지순례 기간이 아닌 시기에 행하는 자발적 순례), 추가 예배 및 단식, 지하드(jihad, 성전)
③ 무바흐(mubah: 법과 무관한 행위로 허용): 보상이나 처벌과 관계가 없음.
  ㉠ 외식, TV 보기 등

할랄과 반대되는 개념은 하람Haram으로 이는 금지된 것을 의미하며, 두 가지로 구분이 된다.[3]

① 마크루흐(makruh, 피해야 할 것으로 비난의 대상) - 삼가해야 하지만 해도 처벌받지 않음.
  ㉠ 흡연(최근 금지운동을 하고 있음), 게으름, 이혼 등
② 하람(haram, 금기) - 이것을 행하면 알라의 벌을 받음.
  ㉠ 무함마드 그림, 조각 등 묘사, 간음, 돼지고기와 술을 먹고 마시는 것.

그리고 마쉬부흐Mashbooh라는 개념이 있다. 이것은 할랄인지 하람인지 불명확한 것을 말하는 것으로 의심스러운suspective 것을 말하며, 이러한 제품이나 물질은 피避하는 것이 좋다.(㉠ 담배)

이러한 할랄과 하람에 대한 정의는 무슬림들 사이에서 일반적으로 동의하고 있다. 그럼에도 불구하고 할랄과 하람에 대한 세부적인 정의는 이슬람 종파 및 학파별로 차이가 존재하며, 이러한 차이는 할랄의 세계적인 표준을 제정하는 데 있어 걸림돌로 작용하고 있는 실정이다.[4]

---

[3] 하람은 'not allowed' 혹은 'prohibited'이며 Haram 또는 Haraam으로 표시한다.

할랄을 식품으로 보았을 때, 할랄식품Halal Food이란 샤리아법에 의해 허용된 음식, 음료 또는 그들의 재료로서 다음과 같은 조건을 충족시켜야 한다.

① 샤리아법에서 비할랄(Non-Halal)로 규정된 동물의 부분 또는 제품이 포함되지 않아야 한다. 또한, 할랄 동물이라도 샤리아법에 따라 도축되지 않은 동물의 부분 또는 제품을 포함해서도 안 된다.[5]
② 샤리아법에서 나지스(Najis, 부정 또는 불결)한 것을 포함해서는 안 된다.
③ 먹는데 적합하며 안전하고 독이 없어야 하며, 또한 중독성이 없고 건강에 해가 없어야 한다.(할랄과 하람을 구분하는 대전제는 P.I.H[6]이다)
④ 샤리아법에서 나지스로 규정한 오염된 기기를 사용하여 예비처리하거나 가공 또는 제조되지 않아야 한다.
⑤ 샤리아법에서 허용되지 않는 인체의 각 부분 또는 그 파생물 예를 들어 동물의 피나 내장 등을 포함하지 않아야 한다.
⑥ 예비처리나 가공, 포장, 저장, 운송 등을 하는 경우에 있어서 위의 다섯 가지 요건을 충족시키지 않는 나지스 혹은 하람으로 규정된

---

4 이희열·정장호, "할랄인증제도와 할랄인증 강화에 따른 우리의 과제", 中東硏究 2014년 제33권 1호, pp.101-140.
5 할랄로 인정된 동물이라고 하더라도 도살할 때 메카Meca방향으로 목을 향하고 비스밀라(신의 이름으로)라고 외치며 도살해야만 한다.
6 Poisonous —독毒이 있느냐? Intoxicate - 취醉하게 혹은 혼미하게 하느냐? Hazardous – 위험危險하냐? 이상 세 가지 기준에 따라 할랄과 하람으로 구분된다. 이 세 가지 요소를 피할 수 있다면 Halal이다. 그러나 실무적으로 가면 복잡다기해 지금도 이슬람 학자들에 의해 이즈마Ijma(합의合意: 쿠란, 하디스 및 키야스에 대한 율법학자들의 합의를 말한다)가 생겨나고 있다.

것으로부터 물리적으로 격리되어야 한다.

여기에서 할랄산업의 새로운 시장을 발견할 수 있다. 즉, ③번에 규정된 것(P.I.H)은 사실상 인간이 소비하는 데 있어 안전성을 제공하며, 또한 인간의 건강에 매우 유익한 규제라고 생각할 수 있는 것이다. 친환경적, 웰빙의 요소를 모두 갖춘 제품이 할랄인증제품이라는 인식을 바탕으로 최근 비이슬람권 국가에서의 수요가 증가하고 있으며, 또한 비만, 성인병 등에 노출된 비무슬림 소비자에게도 크게 어필할 수 있는 측면이 있다는 것이다.

식품 이외의 산업으로 본다면, 화장품을 예로 들 수 있다. 화학성분이 배제된 천연성분, 동물성유지를 포함하지 않은 순수 식물성 성분 등을 사용하는 화장품의 사용은 피부에 좋을 수밖에 없는 것이다.

실제로 이러한 측면에서 할랄시장의 규모를 순수 무슬림 숫자로 파악하기보다 웰빙 건강식을 추구하고, 환경을 생각하는 선진국의 고소득 소비자층으로까지 시장영역을 확대할 수 있다는 점은 시사하는 바가 크다 할 것이다.

한편 위에서 언급한 나지스Najis는 다음과 같은 것이 있다.[7]

① 돼지, 개 및 그들의 새끼
② 비할랄인 것에 오염된 할랄식품
③ 비할랄인 것과 직접 접촉한 할랄식품
④ 분뇨, 혈액, 구토물, 고름, 태반 등 배설물과 돼지, 개의 정액 및 난자

---

[7] 할랄산업연구원, 할랄컨설턴트 양성과정 교재, 2015. 3. 20.

⑤ 죽은 고기 또는 샤리아법에 의해 도축되지 않은 할랄동물
⑥ 알코올음료를 포함한 주류 및 알코올 성분이 포함된 식품 및 음료

나지스도 세 가지의 유형이 있다.

① 무갈라자(Mughallzah) - 정도가 무거운 나지스로서 돼지나 개 자체와 그 배설물 그리고 그 새끼 및 파생물을 말한다.
② 무카파파(Mukhaffafah) - 정도가 가벼운 나지스로서 유일하게 이에 해당되는 것은 모유만 먹은 2살 이하의 남아의 오줌이 있다.
③ 무타와씨타(Mutawassitah) - 정도가 중하지도 경하지도 않은 나지스를 말한다. 구토물, 고름, 피, 알코올음료, 죽은 고기 및 개구부에서 배설된 액체 및 물질을 말한다.

제2절 이슬람법에서의 할랄규정

이슬람법에 의한 할랄과 하람의 분류는 다음과 같은 네 가지 근거에 의해 규정된다.

① 쿠란(Quran, 경전)
② 하디스(Hadith, 무함마드 언행록)
③ 키야스(Qiyas(Analogus), 유추적용) - 쿠란에는 와인(Wine)은 Haram으로 언급이 되어 있다. 그러나 쿠란엔 언급이 없는 맥주 샴페인 막걸리 등을 Qiyas라 하여 와인처럼 Haram으로 한다.

④ 이즈마 울라마(Ijma Ulama, 이슬람 학자들의 합의)[8] - 1. 2. 3항의 규정에 어긋나지 않는 범위에서 이슬람 학자들의 동의 또는 합의로 세부적인 사항을 규정한다. - 취할 의도가 아닌 식품의 다른 목적 즉 맛을 위해 미량의 알코올은 사용할 수 있다. (0.5% 이내)

또한, 이슬람에서의 할랄과 하람은 다음과 같은 대원칙이 적용된다.

① 알라가 창조한 것은 특별히 금지된 것 이외는 모두 할랄이다.[9]
② 할랄과 하람을 결정할 권리는 오직 알라뿐이며, 할랄과 하람은 쿠란과 순나에 서술되어 있다.
③ 기본적으로 금지된 것은 불결하고 해로운 것들이다.
④ 할랄은 음용하기에 충분한 것이고 하람은 불충분한 것이다.
⑤ 의심스러운 것은 피한다.

제3절 문화적 의미에서 본 할랄과 하람의 파생원리

필자는 졸저 "글로벌기업환경분석"에서 기업환경분석시 PEST개념을 도입하여야 한다고 주장하였다.[10] PEST는 각각 Political, Economical, Socio-Cultural 그리고 Technological의 네 가지 측면 즉, 정치, 경제, 사회

---

[8] 울라마Ulama는 이슬람 율법학자의 공동체를 의미하고, 이즈마Ijma란 이들 공동체에서 이루어진 합의를 통해 결정된 해석을 말한다.
[9] 흔히 네거티브시스템negative system을 말하며, 규정된 것이 아니면 허용하는 것으로 그만큼 허용의 정도가 넓음을 의미한다.
[10] 황중서, 『글로벌기업환경분석』, 형설출판사, 2010.

문화 및 기술적 환경분석이 이루어져야 해외시장에 적절히 진입할 수 있다는 것이다.

사실상 위의 네 가지 기준 모두 중요한 개념이지만 특히 사회문화적 측면은 가장 중요한 개념이라고 지적하였다. 해외시장에 진출할 경우 가족제도, 교육제도, 종교, 언어 및 문화적 측면 등을 고려해야 한다는 말이다.

이러한 시각을 접목해서 이슬람문화의 할랄과 하람은 과연 어떤 배경에서 나온 것일까를 유추해보도록 한다.[11]

우리나라의 경우에 좁은 국토이지만 남도로 갈수록 음식이 매우 짜고 젓갈류가 많이 발달되어 있다. 또한, 북쪽으로 갈수록 싱겁고, 젓갈류도 매우 적은 것을 알 수 있을 것이다. 과연 왜 이런 현상이 발생했겠는가? 그건 바로 기온의 차이 때문이라고 볼 수 있다. 남쪽으로 갈수록 음식의 부패가 빨리 진행되기 때문에 소금을 많이 사용할 수밖에 없는 것이다. 또한, 더운 지방에서는 땀을 많이 배출하기 때문에 그만큼 많은 염분을 보충할 필요성이 있는 것이다.

이슬람교가 태동한 곳은 중동의 사막지대이다. 돼지의 습성을 보면 잡식성으로서 지저분한 우리 속에서 심지어 자신의 배설물까지 먹는다. 또한, 돼지의 육질에는 선모충이라는 기생충이 생존해 있기 때문에 완전히 끓이지 않으면 인간에게 기생충을 전파하여 죽음에 이르게 할 수도 있다. 또한, 무더운 날씨에 돼지는 도살하자마자 부패가 진행되는 그런 특성을 지니고 있다.

후술하겠지만 도살을 함에 있어서 모든 피를 신속히 제거하도록 하는 것도 결국은 부패를 방지함으로써 인간에게 피해를 주지 않게 하기 위한

---

[11] 이하의 내용은 전적으로 필자의 문화적 해석에 근거한 것임을 밝힌다.

생활규범으로 제시된 것이라고도 생각해 볼 수도 있다.

피와 내장을 금기하는 것도 기후적 특성을 반영하였다고도 해석할 수 있으며, 가장 부패가 심한 곳이 바로 혈액과 내장이라고 볼 수 있다. 싸우다 죽은 고기, 제단에 바쳐진 고기 등을 금기하는 이유는 언제 죽었는지 확인할 수 없거나 또는 제사를 지내는 동안 부패의 위험성도 존재한다고 볼 수 있다.[12]

비늘 없는 생선을 금기하는 경우는 이슬람만의 독특한 내용이 아니고 성경에도 기술되어 있는 내용으로 이슬람교가 구약성서를 많이 반영하고 있기 때문인 것으로 보인다.[13]

/ **표 1**/ 이슬람교에서 금지하는 식품과 금지 이유

금지하는 식품	금지이유
돼 지	병원성 기생충을 인간에게 옮기는 매개생물임
피(혈액)	동물의 피에는 유해세균, 신진대사물, 효소 등이 포함되어 있음.
할랄식 도축에 의하지 않은 죽은 동물의 고기	죽은 동물은 부패과정에서 인간에게 유해한 화학물질을 형성함
카말(주류)	알코올류는 신경계 손상을 초래하고 인간의 판단력에 영향을 주어 사회문제와 가정파괴, 살인과 자살 등의 문제를 발생시킬 수 있음.

출처: 財團法人食品産業センター「マレーシアハラル制度の實務」 2013. 3., p2.: 이서영, "이슬람권 시장진출을 위한 할랄인증 제도 연구, 한국법제연구원, 2012.10.15.에서 재인용

---

[12] 이슬람 이전 아랍에서는 동물을 제단 위에 차려 놓고 제사지냈으나, 쿠란에서는 이러한 모든 행위를 금하고, 또한 유일신인 알라 이외의 신에게 봉헌된 것을 먹지 못하도록 하였다(쿠란 5:3 : 우상에게 제물로 바쳤던 것은 불결한 것이니라)

[13] 대부분의 이슬람 금기식품에 대한 규정은 구약성서 레위기 제11장의 '정한 짐승과 부정한 짐승'에 나오는 부분과 많은 부분에서 일치하고 있다.

이러한 점은 말레이시아의 할랄표준Malyaysian Standard(MS1500: 2009)의 할랄식품의 정의와 할랄인증 요건을 보면 극명하게 나타난다.

이 표준에 의하면 '할랄식품'이란 용어를 사용하기 위해서는 이슬람법에 따라 음식의 모든 원료가 불법으로 간주되는 제품 및 그로 인해 파생된 제품을 포함하면 안 되며 특히 다음과 같은 재료들을 포함해서는 안 된다고 규정한다.

(1) 금기식품(하람, Haram)

동물성 식품(Haram)

① 암퇘지나 수퇘지
② 개, 뱀과 원숭이
③ 사자, 호랑이, 곰 및 기타 유사한 동물 같은 발톱과 송곳니를 가진 육식 동물
④ 독수리 및 기타 유사한 조류와 같은 발톱으로 먹이를 잡는 새
⑤ 쥐, 지네, 전갈 및 기타 유사한 동물이나 해충
⑥ 이슬람에서 죽이지 못하도록 하는 개미, 꿀벌과 같은 곤충이나 딱따구리와 같은 조류
⑦ 이, 벼룩, 구더기 및 기타 유사한 동물
⑧ 개구리, 악어 및 기타 유사한 동물로 땅과 물에 모두 살아있는 양서류 동물
⑨ 노새나 당나귀[14]
⑩ 모든 독성 및 유해 수생 동물
⑪ 이슬람 율법에 따라 도살되지 않은 육류

---

[14] 발굽이 두 갈래로 갈라지지 않거나 되새김질을 하지 않는 동물은 금기이다.

⑫ 싸우다가 죽은 동물
⑬ 제사에 바쳐진 동물
⑭ 동물의 피 또는 내장

음료(Haram)
① 알코올
② 독성을 수반하거나 해로운 음료[15]

식품첨가물(Haram)
위의 동물성 식품 또는 알코올을 포함한 첨가물은 금기이다.

(2) 허용식품(할랄, Halal)
할랄인 식품은 다음과 같은 것들이 있다.

동물성 식품(Halal)
앞의 동물성 식품(하람)이 아닌 모든 동물

수생동물(Halal)[16]
앞서 언급한 P.I.H개념을 도입하여 독이 있거나, 중독성이 있거나 혹은 건강을 해치는 것 등을 제외한 모든 물고기는 기본적으로 할랄이지만

---

15 단 독성을 식품제조과정에서 제거할 수 있다면 상관없다.
16 이슬람 종파 중 수생동물에 대해서는 견해가 엇갈리고 있는데, 정통파 수니파는 모든 물고기는 할랄로 간주하고, 일부 시아파는 새우와 비늘이 있는 물고기만을 할랄로 간주하고 있다. 또한, 하나피학파는 새우와 가재, 게, 조개를 포함하는 모든 갑각류를 하람으로 주장한다.

비늘이 없거나 양서류를 제외한다. 또한, 의도적으로 나지스인 사료를 먹여 양식한 것은 할랄이 아니다.[17]

식물(Halal)
기본적으로 모두 할랄이며 단 독이 있는 식물은 제외한다.[18]

앞서 언급한 것처럼, 위의 동물성 식품Haram을 보면, 싸우다가 죽은 동물이나 제사에 바쳐진 동물 그리고 동물의 피 또는 내장은 죽은지 오래된 것일 가능성이 높고, 또한 언제 죽었는지 알지도 못할 수도 있다. 따라서 이러한 동물이나 동물의 부산물을 금기시하는 것은 자연스러운 삶의 지혜라고 볼 수도 있다.

알코올도 마찬가지이다. 물론 술을 마시는 사람의 입장에서 보면 삶의 활력소이고 피로회복의 수단이 될 수 있지만, 사막의 무더위 속에서 과연 그런 역할을 할 수 있을 것인가? 실제 알코올이 위나 간, 췌장 그리고 뇌에 얼마나 해로운가 하는 것은 의학적으로도 검증된 일이다.

결국, 문화라는 것은 삶의 환경 속에서 파생되는 것이며, 이슬람에서 논의하는 할랄과 하람과 같은 종교적 허용과 금기도 이러한 관점에서 파악한다면 우리 기업들이 이슬람문화를 보다 쉽게 접근할 수 있고, 또한 새로운 수출시장을 확대하는 첩경이 될 것이다.

---

[17] 갑각류인 게, 새우 바닷가재 등에 대해서는 이슬람국가 및 종파마다 서로 다른 견해를 갖고 있는데 이슬람종파 중 샤피파는 육지에 서식하는 게는 하람으로 규정한다.
[18] http://shiastudies.net/에서는 시아파의 종교적 교리에 대하여 각종 자료를 제시하고 있다. 특히 http://shiastudies.net/article/english/Article.php?id=7680를 살펴보면 기본적으로 할랄과 하람에 분류하는 기준을 설명하고 있다.

제4절 할랄과 하람의 구별은 누가 하는가?

할랄과 하람에 대한 견해도 각각의 종파와 국가에 따라서 많은 차이를 보이고 있는 실정이다. 더구나 현대사회에 들어서면서 이슬람태동 이후에 수많은 제품이 만들어졌고, 또한 앞으로도 계속 새로운 혁신제품들이 등장할 것인데 과연 이러한 제품이 등장할 때마다 할랄과 하람을 구별해줘야 한다는 문제가 대두된다. 그렇다면 샤리아법의 근간을 이루는 쿠란에도 규정되지 않은 것을 어떻게 분류하고 규정하는가가 문제가 될 수 있다. 또한, 누가 이러한 규정을 정해주느냐 하는 문제도 마찬가지이다.

여기에 이슬람교에서는 하나의 해법을 제시하고 있다. 가장 중요한 것은 하람으로 규정되지 않는 것은 기본적으로 모두 할랄이라고 가정하는 소위 네거티브시스템negative system제도를 활용하고 있다는 점이다.[19] 따라서 하람Haram 또는 나지스Najis, 부정가 확실히 아니라면 할랄Halal로 볼 수 있는 것이다.

이슬람법상에 ① 쿠란Quran, 경전 ② 하디스Hadith, 무함마드 언행록 ③ 키야스Qiyas(Analogus), 유추적용 ④ 이즈마 울라마Ijma Ulama, 이슬람학자의 합의 또는 해석를 적용하도록 되어 있다.[20]

---

[19] 「쿠란 7:32: 일러 가로되 하나님께서 종들을 위하여 창조하신 아름답고 깨끗한 장식을 누가 금기하느뇨. 일러 가로되 이것은 현세에 살며 믿음을 가진 자들과 심판의 날을 믿는 자들을 위한 것이라」 즉, 이 구절은 모든 삼라만상을 알라신께서 창조하셨으니 근본적으로 금기하지 않는다는 말이다. 즉, 네거티브시스템이라는 것은 하람으로 금지하는 것을 제외하고는 기본적으로 허용한다는 뜻으로 그만큼 허용의 폭이 넓다는 것을 의미한다.

[20] 이서영, 이슬람권 시장 진출을 위한 할랄Halal인증제도 연구, 한국법제연구원, 2012. 10. 15.

(1) 쿠란(Quran, 경전)에 근거한 할랄[21]

샤리아의 제1차 법원法源인 쿠란에서는 음식은 인간에게 영양을 공급해주는데 필요불가결한 것으로 인식하고 있어 다음과 같이 기록하고 있다.

> 쿠란 2:168   사람들이여 지상에 있는 허용된 좋은 것을 먹되, 사탄의 발자국을 따르지 말라. 그는 실로 너희들의 적이니라

> 쿠란 2:172   믿는 자들이여 하나님이 너희에게 부여한 양식 중에서 좋은 것을 먹되 하나님께 감사하고 그분만을 경배하라

> 쿠란 7:32   일러 가로되 하나님께서 종들을 위하여 창조하신 아름답고 깨끗한 장식을 누가 금기하느뇨. 일러 가로되 이것은 현세에 살며 믿음을 가진 자들과 심판의 날을 믿는 자들을 위한 것이라

> 쿠란 10:59   일러 가로되 하나님께서 너희를 위해 창조한 일용할 양식을 생각하여 보았느뇨. 너희는 그중의 일부를 금기하고 일부는 허락하였더라. 일러 가로되 하나님께서 그렇게 하도록 허락하셨느뇨. 아니면 하나님에 대하여 거짓을 꾸미느뇨.

위에서 보는 바와 같이 쿠란에서는 금지한 음식이 아닌 경우에는 모든 음식이 허용되는 것으로 기록한다. 결국, 알라가 금지한 음식이 아님에도 불구하고 이를 금지하는 것은 있을 수 없는 일이며 오로지 할랄과

---

[21] 이하의 쿠란의 내용은 최영길 편, 『의미번역 꾸란(한국어판)』, 파하드 국왕 꾸란 출판청 출간본을 기준으로 하였다.

하람을 결정하는 것은 알라의 권한이며 인간이 결정할 수 없는 것이라 규정한다.

한편 할랄로서 먹을 수 있는 것에 대한 구절도 발견할 수 있다.

> 쿠란 5:4   허락된 것이 무엇이냐고 그대에게 묻거든 그것은 좋은 것들이라고 말하라. 또한 하나님의 가르침에 따라 길들여진 동물이 너희를 위해 사냥하여 온 것도 허락된 것이거늘 이는 하나님이 너희에게 가르친 것이라(후략)
>
> 쿠란 5:5   오늘날 너희에게 좋은 것들이 허락되었으니 성서를 받은 자[22]들의 음식이 허락되었고, 또한 너희의 음식도 허락되었으며(후략)
>
> 쿠란 5:6   그러나 바다의 사냥과 그 음식은 허락되노라. 이는 너희와 여행자들을 위한 것이며, 육지의 사냥은 너희에게 금하니 이때는 너희가 순례 중일 때라 하나님을 두려워하라(후략)
>
> 쿠란 6:118~119   그러므로 너희가 하나님의 말씀을 믿는다면 고기를 먹되 그분의 이름으로 도살된 것을 섭취하라.[23] 너희는 하나님의 이름으로 도살된 것을 먹지 않는 이유가 무엇이뇨,

---

[22] 성서를 받은 자들이란 유대교도들을 이르는 말로 유대교도들에게 구약 율법에 의해 허락된 것은 코셔Kosher라고 부르는데 할랄보다 더 엄격한 기준을 제시하고 있다. 따라서 북아메리카나 유럽 등지의 자유분방한 유대교도들은 코셔식품만을 고집하지 않고 할랄식품을 용납하기도 한다.

[23] 동물을 도축할 때, 메카방향으로 짐승의 머리를 누이고 다비하법Dhabiha, 이슬람식 도축법에 따라 비스밀라Bismillah, 신의 이름으로라 기도한 후, 알라후 아크바르ALLAHu Akbar, 신은 위대하다를 세 번 외쳐 신에게 허락을 구한다. 곧바로 고통을 못 느끼게 날카로운 칼로 목의 동맥을 끊은 후, 눕히거나 거꾸로 매달아 피를 모두 빼낸 다음 조리할 수 있다.

> 그분께서는 금지된 것과 불가항력의 경우를 너희에게 자세히 설명하였노라.24 (후략)

쿠란 6:142　가축 가운데는 짐을 실을 가축이 있고 고기로 사용할 가축이 있노라. 하나님께서 너희를 위해 양식으로 주셨으되 (후략)

쿠란 6:145　(전략) 죽은 고기와 피와 돼지고기와 하나님의 이름으로 도살되지 아니한 고기를 제외하고는 먹고자 하는 자가 먹지 못하도록 금지된 것을 발견하지 아니하였노라. 그러나 필요하여 또는 알지 못하여 금지된 것을 먹었을 경우에는 죄악이 아니거늘 (후략)

한편 쿠란에는 금지되는 음식인 하람에 대하여도 기술하고 있다.

쿠란 2:173　죽은 고기와 피와 돼지고기를 먹지 말라. 또한 하나님의 이름으로 도살되지 아니한 고기도 먹지 말라. 그러나 고의가 아니고 어쩔 수 없이 먹을 경우에는 죄악이 아니라 했거늘(후략)

쿠란 5:3　너희에게 허락되지 아니한 것이 있으니 죽은 고기와 피와 돼지고기와 하나님의 이름으로 잡은 고기가 아닌 것, 목 졸라 죽인 것과 때려서 잡은 것과 떨어져서 죽은 것과 서로 싸워서 죽은 것과 다른 야생이 일부를 먹어버린 나머지와 우상에 제물로 바쳤던 것과 화살에 점성을 걸고 잡은 것이거늘 이것들은 불결한 것들이라(후략)

---

24 불가항력이라는 대목은 시사하는 바가 크다. 예를 들어 하람인 돼지고기라고 할지라도 생존을 위해서 그것밖에 없는 경우에는 먹을 수 있다는 말이다. 물론 이러한 것에 대한 원리원칙의 적용여부는 종파에 따라 해석이 달라 엄격하게 적용하는 무슬림과 또한 느슨하게 적용하는 무슬림이 있지만, 할랄과 하람의 구별에 있어 상당한 유연성flexibility을 지니고 있다고 본다.

쿠란 6:121   하나님의 이름으로 도살되지 아니한 고기는 먹지 말라.
           그것은 죄악이니라.

(2) 하디스(Hadith, 무함마드 언행록)에 근거한 할랄

쿠란에 이어 샤리아의 제2법원法源인 하디스란 순나Sunnah, 즉 무함마드의 언행을 그 제자들이 기록한 것이다. 주로 구술과 암송에 의해 전승되고 후대에 편찬되었기에 집필자에 따라 내용과 권위가 다르지만, 여기에도 할랄과 하람에 대한 구별을 하고 있다.

일반적으로 살아 있는 동물의 일부를 잘라낸 고기는 썩어가는 고기로 여기지만, 썩어가는 고기에 대한 두 가지의 예외가 있는데 하나는 생선이고, 다른 하나는 메뚜기이다. 피가 흐르는 고기도 금지되어 있지만, 쓸개와 간은 예외로 보기도 한다.

송곳니를 가진 짐승과 발톱을 가진 조류로 사자, 호랑이, 늑대, 치타, 독수리, 매 등이 하람이라는 것이다. 또한, 알라의 이름으로 기도한 뒤 내보낸 사냥개가 사냥해 온 동물은 사냥개가 그 동물을 죽였더라도 할랄로 보지만 기도하지 아니한 사냥개가 사냥한 동물은 하람이 되는 것이다.

(3) 키야스(Qiyas(Analogus), 유추적용)에 근거한 할랄

쿠란과 하디스순나에서 규정하지 않는 것들은 할랄인지 하람인지 구분할 필요가 있다. 따라서 이렇게 규정되지 않은 것을 유추해석Analogus을 하는 것이 바로 키야스이다.

무함마드 시대에 존재하지 않았던 담배와 같은 경우가 바로 여기에 해당한다고 볼 수 있다.

(4) 이즈마 울라마(Ijma Ulama, 율법학자 합의 또는 해석)에 근거한 할랄

키야스와 마찬가지로, 효소, 비타민 등과 같은 새로운 형태의 음식을 섭취할 때 고려해야 할 문제는 어떤 것이 있는가? 가령 유전자조작 식물이나 동물, 방사선을 이용하여 처리한 물품 등에 대한 입장을 정리할 필요가 있는 것이다.

따라서 이 경우 파트와Fatwa: 율법학자의 해석이나 의견를 따라 할랄과 하람을 구별하는 것이다. 파트와는 직접적인 법적 효력은 없으나 이슬람교도들에게는 파트와를 따를 종교적 의무가 있으며, 국가에 따라서는 이러한 파트와가 법률로 입법화되거나 정책화됨으로써 사회적·법적 권위를 가지게 된다.25

제5절 할랄과 하람은 영원불변인가?

수니파와 시아파에서 이맘imam, 지도자의 역할은 극명하게 갈린다. 수니파에서 이맘은 모스크에서 예배를 집도하는 인물로 쿠란을 암송하고, 연륜을 갖춘 인물로 종교적인 권위를 지닌 자임에 반하여, 시아파에서는 이에 더하여 막강한 정치적 지도력을 갖춘 절대권력자를 의미한다.

쿠란에 의하면, 알라신만이 할람과 하람을 분별한다고 되어 있지만, 앞서 설명한 것과 마찬가지로 실제 쿠란, 하디스, 키야스, 이즈마 등이 적용되며, 실제 율법학자 또는 이맘의 파트와에 의해 결정이 되기도

---

25 말레이시아의 http://www.e-fatwa.gov.my/에서는 새로운 해석에 대한 내용을 주州 또는 국가 단위로 발표하고 있는데, 말레이시아에 수출을 하는 경우에 꼭 이를 확인할 필요가 있다.

한다.

하나의 예를 든다면 철갑상어는 비늘이 없는 생선으로 하람인 생선이다. 이맘 호메이니가 이슬람혁명을 일으킨 시점에는 분명 하람이었고 해외수출용으로만 잡을 수 있는 생선이었다. 그러나 지금은 카스피안 해변에 가면 누구나 철갑상어구이를 먹을 수 있고, 방문객들이 가장 즐겨 찾는 고급 메뉴 중의 하나가 되었다. 어느새 할랄식품으로 바뀐 것이다.

고등어나 새우도 비늘이 없어 원래는 하람이지만 중동의 이슬람권 시장에서 어렵지 않게 구할 수 있고 식당에서 여러 가지 새우 요리가 판매되고 있다는 것은 차츰 할랄 음식이 되었음을 뜻한다.

또한, 최근에 시리아의 내전 때문에 식량 공급이 원활하지 못하여 굶는 사람들이 많이 생기자 개나 고양이 고기를 할랄로 선포했다. 어떤 무슬림들도 개나 고양이 혹은 돼지는 못 먹는 하람 음식으로 알고 있는 것이지만 상황에 따라서 하람이 할랄로 전환가능한 것이다.

어떤 경우에는 이슬람에서 가장 금기시하는 통정通情에 대해서도 새로운 파트와가 생기기도 한다. 예를 들어 지하드jihad, 성전(聖戰)를 행하고 있는 병사兵士가 강간이나 통정을 했다면 이를 용서해 줄 수 있다는 파트와를 행하기도 한다.[26] 심지어는 시리아와 같은 국가에서는 성교지하드sex jihad라고 해서 여성 무슬림으로 하여금 성전에 참여 전사들을 위로하라고 하는 일들도 벌어지고 있다.[27]

한편 시아파 이슬람의 종주국인 이란의 경우에는 매우 엄격한 기준을 적용하고 있는데, 할랄식품 인증 기준을 살펴보면, 다음과 같이 다른

---

[26] 대개 이슬람국가에서 통정을 한 경우에는 여자의 경우 집안에서 명예살인을 하거나 남자의 경우에는 IS처럼 건물 옥상에서 떨어뜨려 살해하기도 한다.
[27] https://en.wikipedia.org/wiki/Sexual_jihad

종파에 비해 엄격한 기준을 적용하고 있다.

1. 도살자는 무슬림이어야 한다.
2. 날카로운 칼을 사용해야 한다.
3. 짐승의 머리가 메카를 향하고 죽여야 한다.
4. 목의 4개의 혈관을 단번에 잘라야 한다.
5. 도살할 때 '비스밀라(신의 이름으로)'라고 외쳐야 한다.
6. 목을 친 짐승을 거꾸로 매달아 그 피를 다 빼야 한다.
7. 짐승이 놀라거나 두려워하는 상태에서 도살하면 안 된다.
8. 비늘이 없는 생선은 먹을 수 없다.
9. 사냥한 짐승은 먹어도 되지만 사냥개가 일부분이라도 먹었으면 그 고기는 먹을 수 없다.

그런데 이런 여러 가지 요건을 다 갖춰서 가축을 잡기는 쉽지가 않다. 도살자가 무슬림이어야 하는데 그 많은 짐승을 사람이 모두 일일이 목을 베어 죽일 수는 없는 노릇이다. 그래서 부득이 도축용 기계를 사용하여 짐승의 머리가 메카 쪽으로 향하게 하고, 스피커로 '비스밀라'라는 말이 반복하여 들리게 한 상태에서 도살하고는 할랄인증서를 붙이는 경우도 있다고 한다.

우리는 모든 무슬림들이 할랄인증이 된 고기만 먹으며 그렇지 않은 고기는 입에도 대지 않는다고 생각하는데 사실은 그렇지만은 않다. 중동의 이슬람 국가에서도 기독교인들이 운영하는 식당이 있다. 그런 식당은 건물 외부에 "이 업소는 무슬림이 아닌 타종교를 믿는 사람이 운영하고 있습니다."라고 알리도록 되어 있다. 하지만 그 식당 음식이 맛있다고 소문이 나면 무슬림 손님들이 줄을 서서 기다릴 정도로 많이 찾아온다. 물론 아무리 음식이 맛이 있다고 해도 비무슬림이 운영하는 식당에는 가지 않는 사람들이 있는 것도 사실이다. 그들을 우리는 원리주의 무슬림이라고 부르며, 쌀라피, 혹은 와하비 무슬림들이 그런 사람들이다. 그러나 이런 사람들은 사우디아라비아를 제외하고는 소수에 지나지 않는다.[28]

이러 이러한 것들을 먹지 말라는 쿠란 5:3을 중요시할 것이냐, 아니면 필요할 때는 먹어도 죄가 되지 않는다는 쿠란 2:173을 중요시할 것이냐에 따라 판단이 달라질 수 있다. 그래서 한발리, 말리키, 하나피, 샤피이 등 4개의 학파에서 주장하는 할랄인증의 기준이 각각 다르고, 지역마다 나라마다 차이가 나는 것이다.

사실상 할랄과 하람이 문제가 되는 것은 이슬람교도 사이에서는 전혀 문제가 될 소지가 없다. 왜냐하면, 무슬림의 삶 자체가 샤리아율법에 따라 유지되고 있기 때문이다. 문제는 외국으로부터 수입되는 물건 또는 비이슬람국가들로부터 이슬람국가로 수출되는 물건이 샤리아법에 위배되는지의 여부를 따지기 위해서 이러한 할랄인증제도가 태동하게 된 것이다.

사실 중동의 모든 국가가 수십 년 전부터 할랄인증기관을 둔 것도 아니며, 동남아의 이슬람국가들도 이러한 인증기관을 설립하고 인증업무를 한 것은 그다지 오래된 이야기가 아니다.

세계 최대의 할랄산업박람회라고 하는 MIHAS Malaysia International Halal Showcase도 2015년이 겨우 12회째라는 것을 보면 할랄인증의 역사도 그리 오래되지 않았음을 알 수 있다. 물론 여기서 말하는 할랄인증은 국제적

---

[28] 이만석, "최근에 일고 있는 할랄열풍에 관하여", 기독일보, 2015.4.13.
출처: http://blog.daum.net/rione30/17119886

인증으로서의 할랄인증을 말하는 것이다.29

　오히려 국제적 할랄인증과 관련해서는 미국, 호주, 뉴질랜드, 브라질 등 소고기나 양고기를 자국 내 무슬림에게 공급할 목적으로 할랄인증을 시작하거나, 이슬람국가에 수출하는 기업들이 수입상의 요구에 따라 자국 내에 국제할랄인증International Halal Certification을 주도했다는 주장이 제시되는 것은 본래 이슬람국가에서는 할랄이 생활화되어 있기 때문에 할랄인증의 문제가 그다지 중요하게 대두되지 않기 때문이다.

　국제할랄인증이 어디에서 시작되었나 하는 것은 그다지 중요한 이야기는 아니다. 다만 최근에 국제할랄인증에 촉각을 곤두세우고 있는 국가들은 말레이시아, 인도네시아, UAE, 싱가포르, 태국과 같은 국가들이며, 아무런 규제나 제재조치가 없이 자기 마음대로 할랄로고만 만들면 된다는 식으로 우후죽순으로 늘어가고 있는 할랄인증기관에 대해서 면밀히 조사하고 연구하지 않으면 막대한 비용과 시간의 낭비뿐만 아니라 잘못하다가는 기업의 존폐에까지 영향을 미치는 큰 손실을 볼 수 있다는데 문제의 심각성이 더해진다.30

　현재 인구 2천만도 안되는 호주의 경우에도 20개가 넘는 할랄인증기관이 있고 인구 450만도 안되는 뉴질랜드에도 8개나 되는 할랄인증기관이

29　태국과 같은 불교국가에서도 1948년부터 가금류도살장에 대한 할랄인증을 시행하는 등 국내할랄인증Local Certification의 역사가 짧다는 의미는 아니다.

30　https://moneyjihad.wordpress.com/2014/01/21/terror-linked-halal-certifier-exposed/를 살펴보면, 경제지하드economy jihad 또는 금융지하드money jihad라고 해서 최근에는 미국의 할랄인증기관인 IFANCA가 사우디에 본부를 두고 세계 테러에 재정지원을 하는 세계무슬림리그World Muslim League와 결속되었다는 것이 밝혀졌고, 추가적으로 ISNA, 모스크재단, MSA 그리고 NAIT가 테러단체에 지원한 것과 관련하여 '유아식품 지하드Baby Food Jihad'라는 말까지 나오고 있다. 또한, 2007년과 2008년에 팔레스타인 이슬람 지하드PIJ지도자 쌈미 알 아리안 씨와 공동설립한 ISNA는 미국 법무부로부터 수백만 달러의 재정을 함마스에 지원한 기관으로 알려졌다. 이러한 내용이 진정한 사실인지에 대한 여부는 독자들의 판단에 맡긴다.

있다는 사실을 우리 기업이나 정부가 제대로 파악하고 있는지 알 수가 없다. 또 어떠한 할랄인증기관이 정말 영향력이 있는 기관이며, 어떠한 문제점이 있는지를 제대로 알고 인증을 신청하고 있는 것인지 참으로 걱정스럽기까지 하다.

그러나 쿠란에 기술된 내용을 보면, 이러한 영리 목적의 행동을 하는 것은 분명 큰 재앙과 벌을 받을 것임을 믿어 의심치 않는다.

> **쿠란 6:70** 종교를 유희와 오락으로 삼는 그들을 홀로 두라. 그들은 현세의 삶에 현혹되어 있을 뿐이다. 그러나 그들에게 이 진리를 명심하게 하리니 모든 영혼이 스스로의 행위로 말미암아 멸망하리라. 하나님 외에는 어떤 보호자나 중재자도 없으며 어떤 배상금도 수락되지 아니하니 그들의 행위로 말미암아 스스로를 멸망하게 하는 자들이라 그들은 불신의 대가로 이글거리는 물을 마시고 참혹한 벌을 받게 될 것이다.

제4장 이슬람, 중동, 아랍의 차이

많은 사람이 이슬람, 중동, 아랍을 혼동하여 사용하고 있어 이들 용어에 대한 정의를 먼저 하기로 한다.

이슬람이란 622년 무함마드가 설립한 종교로서, "이슬람Islam"이라는 말의 뜻은 "유일하신 하나님(알라)에 대한 진정한 평화와 복종"을 뜻한다. 기독교가 예수의 이름을, 불교가 부처의 이름을, 유교가 공자의 이름을, 마르크스주의가 칼 마르크스의 이름을, 유대교가 유다족의 이름을, 힌두교가 힌두족의 이름을 빌려 종교명으로 사용한 반면 이슬람이란 종교명은 한 인간의 이름이나 한 민족의 이름을 따서 지어진 것이 아니다.

하나님의 뜻에 대한 복종을 의미하는 이슬람 종교는 최초의 인간이자 하나님의 첫 번째 예언자였던 아담에게 내려진 종교였고, 하나님께서 인류에게 내려보낸 모든 예언자의 종교라는 점을 강조한다. 특히, 이슬람이란 하나님께서 인간에게 명하신 종교명으로 하나님이 인류에게 계시하신 최후의 경전을 쿠란이라고 언급하며, 쿠란에서는 다음과 같이 계시를 전한다고 말한다.

쿠란 5:3 오늘 너희를 위해 너희의 종교를 완성했고 나의 은혜가 너희에게 충만하게 하였으며 이슬람을 너희의 종교로 만족케 하였느니라.

쿠란 3:85 이슬람 외에 다른 종교를 구하는 자, 결코 하나님에 의해
받아들여지지 않을 것이리라.

　이렇게 정의하고 있는 쿠란을 경전으로 하는 이슬람교를 믿는 지역은 모두 이슬람권에 속한다. 따라서 중동지역, 구소련에서 독립한 중앙아시아 이슬람국가들, 말레이시아, 인도네시아, 아프리카 북부지역의 이슬람국가들이 이 범위에 속한다.

　다음으로 중동에 대한 설명이다. 중동中東, middle east이란 유럽을 중심으로 동방the East or the Orient을 향하여 가까운 지역을 근동近東, the near East이라 칭하고, 그 중앙부를 지칭한다.

　따라서 터키, 이스라엘, 시리아 등 유럽을 경계로 하는 지역과 아라비아반도 등을 포함한 지역을 중동이라고 칭한다.[1] 중동은 다수가 이슬람교를 믿고 문화적, 역사적, 지리적으로 아랍지역과 밀접한 관계를 가지고 있는 지역을 의미한다. 그러나 터키가 터키어, 이스라엘이 히브리어를 쓰는 것과 같이 서로 언어를 아라비아어를 공용어로 하지는 않는다.

　중동지역에는 기독교, 유대교 등의 여러 가지 종교인들이 거주하고 있고, 과거 십자군전쟁부터 오늘날의 이스라엘 팔레스타인분쟁 등으로 서로 오랜 문화적 교감과 역사적 뿌리를 가지고는 있으나 끊임없는 국지전의 화약고火藥庫로서의 의미가 너무 강하게 남아 있는 지역이라고 볼 수 있다.

　마지막으로 아랍지역에 대한 설명이다. 흔히 아랍arab은 아라비아arabia의 준말로 아라비아반도를 지칭한다. 아라비아는 지금으로부터 약 4,000년 전부터 유향乳香무역의 통로로서 상거래의 중심지로 아라비아숫자를

---

[1] 일부 학자는 아프가니스탄과 같은 지역도 중동에 포함시키기도 한다.

만들어낼 정도로 번성한 지역이었다.

아라비아를 지리적으로는 그려보면, 동쪽으로는 오만에서 서쪽으로는 모로코를 넘어 모리타니까지, 북으로는 이라크·시리아에서 남으로는 수단·소말리아까지를 이른다.

아라비아는 기원전 남아랍과 북아랍으로 세워졌는데, 반도 남쪽의 남아랍은 기원전 8세기에 현재의 예멘에 남아라비아 왕국이 성립하였고, 반도의 북부지역인 북아랍은 기록에 의하면 기원전 854년에 처음으로 언급되었으며, 헬레니즘 시대[2]에 있었던 그 유명한 대상隊商, caravan무역도시 '팔미라 왕국(현재의 시리아 소재)'과 '나바테아 왕국(현재의 요르단 왕국에 소재)'이 그 대표적 국가들이다.

같은 아랍이라도 남아랍과 북아랍은 문자와 언어가 달랐다. 북아랍 문자는 오늘날까지 전해져 오지만 남아랍 문자는 기원후 4세기에 남아라비아 왕국이 무너지면서 사라지게 된다. 남아라비아 왕국이 사라진 후 아라비아 반도에서는 유목생활이 주류를 이루면서 북아랍의 언어, 문자가 같이 사용되어 아라비아어가 보편화되기 시작하고, 이후 쿠란이 아라비아어로 편찬이 되면서 아랍지역에서는 아라비아어가 공용어와 같이 사용되고 있다.

아라비아지역에서 기원전 990년경에 카라반 무역의 요충지를 장악해 막강한 제국을 건설했던 나라는 바로 고대 이스라엘의 왕국인 유다 왕국이었다. 유다 왕국은 솔로몬 시대에 이르러 이 일대 대부분의 무역로를 장악했으며, 이 시대 예루살렘은 외국제 수입상품들로 넘쳐났으며 수많은 외국상인들이 북적대는 국제적인 메트로폴리스였다.

---

[2] 학문적으로는 알렉산더의 기원전 334년의 동방원정시부터 기원전 30년에 있었던 로마의 이집트 합병시까지의 기간을 말한다.

아랍지역은 중동의 중심지역으로서 역사적, 문화적 일체감을 공유하면서 아랍어를 사용하는 지역을 지칭한다. 아프리카 북부의 모로코, 알제리, 튀니지, 리비아, 이집트와 아랍권 최대면적국가인 수단, 지중해 연안의 요르단, 시리아, 레바논, 이라크, 아라비아 반도의 사우디아라비아, 예멘, 카타르, 쿠웨이트, 바레인, 아랍에미리트, 오만 등이 아랍권에 속한다.

아랍인들은 7세기 중엽부터 아라비아 반도를 나와서 대규모침공을 감행 몽골고원으로 진출하여 그곳으로부터 서진하기 시작하여 중앙아시아의 투르크를 지배하고, 11세기에는 서아시아에 침공하여 강력한 지배자로 군림하게 된다. 이러한 과정에서 아라비아어와 이슬람화를 시도하면서 이를 받아들인 곳을 모두 아랍으로 정의하였다.

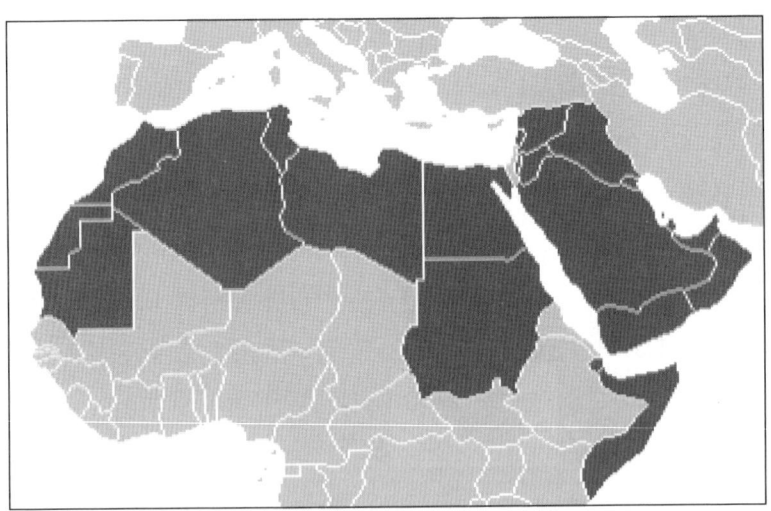

/ 그림 1/ 아랍지역의 지리적 분포

아라비아어가 이렇게 널리 보급되고 오래 유지될 수 있었던 것은 히브리어와 마찬가지로 서기 4세기경 종교적 서체로서 고안되어 신앙 전달 수단으로 사용되었기 때문이라고 볼 수 있다.

제5장 이슬람교의 이해

　기독교·불교와 함께 세계 3대 종교의 하나인 이슬람교는 성자 무함마드를 예언자로 하며 '알라'를 단일신으로 하는 종교로, 이슬람이란 뜻은 '복종·순종'이란 뜻이며 알라는 아랍어로 '하나님', '신'이라는 뜻이다. 흔히 우리나라에서는 회교回敎라고도 불리기도 하였는데 이는 중국에서 회족回族의 종교라는 뜻으로 회회교回回敎 또는 청진교淸眞敎라고 부른대서 유래한 것으로 적절하지 않다고 보는 견해가 있다.[1] 또한 마호메트교 또는, 모하메드교라고 부르는 경우가 있으나 이슬람교는 알라를 유일신으로 하는 창시자인 무함마드Mohammed[2]를 믿는 종교가 아니기 때문에 이러한 표현도 올바른 표현이 아니라는 견해이다.

　쿠란Kuran 또는 Quran은 이슬람의 경전으로 아랍어로 읽는다는 '카라아'의 단어의 동명사로 읽는다는 뜻으로 무함마드가 받은 첫 계시啓示가 "읽어라! 창조주이신 너의 주님의 이름으로."라고 시작하기에 붙여진 이름이다. 쿠란을 영문 표기에 의한 발음으로 코란이라고 한다.[3]

---

[1] 박규태, 송현주, 신광철, 장석만, 『세계종교사입문』(개정증보판), 청년사, 2003.
[2] 미국식으로 마호메트Mahomet라고도 표기한다.
[3] 코란 또는 꾸란, 꾸루안 등 여러 가지로 발음하기도 하지만, 본서에서는 쿠란으로 통일하기로 한다.

이슬람 교리는 매우 단순하게 여겨질 만큼 명료하게 정립되어 있다. 1) 여섯 가지 종교적 신앙 2) 다섯 가지 종교적 의무를 기본으로 한다.[4] 여기서 믿음이 있는 사람이란 ① 하나님神, 알라, ② 천사天使, 말라이카, ③ 성전聖典, 쿠란, ④ 예언자 또는 사도使徒, 나비, ⑤ 내세 또는 부활復活, 아힐라[5] ⑥ 예정 또는 정명定命, 카달[6]을 믿는 사람을 말하며, 이 모든 사항을 믿는 사람을 이만iman이라고 한다.[7] 흔히 무슬림은 이슬람에 복종하는 자로서 이슬람을 믿는 남자신자를 지칭하며, 여자는 무슬리마라고 부르기도 한다.

한편 다섯 가지의 종교적 의무를 오주五柱 또는 오행五行이라고 하는데, 다섯 가지 종교적 의무를 다함으로써 알라에게 봉사하는 일을 이바다트ibadat라고 한다. 쿠란에서는 희사와 단식을 중요한 봉사로 들고 있으며 후세에 이르러 다섯 가지를 가리키는 것이 상례로 되었다.

그중 첫째는 샤하다shahadah, 신앙고백로 아랍어로 '라일라 일랄라, 무함마드 라술라(나는 알라 이외는 신이 없음을 증언합니다. 또한, 나는 무함마드가 알라의 사자死者임을 증명합니다)'라고 입으로 외우는 것으로 어릴 때부터 죽을 때까지 하루에도 몇 번씩 이 증언을 고백하게 되어있다.

---

[4] 흔히 오주육신五柱六信 또는 육신오행六信五行이라고 한다.
[5] 알라에 의해서 창조된 만물은 '최후 심판의 날'에 모두 죽게 되며, 이미 죽은 자들과 함께 하느님에 의해 그들이 행한 것에 대하여 심판을 받게 되고, 종말로부터 내세가 시작된다고 한다.
[6] 우주의 모든 일이 알라의 의지이며, 인간의 운명은 알라가 지배한다는 대명을 믿는 것이다.
[7] '이만'을 지닌 사람을 '무민', 이슬람에 입교한 사람을 '무슬림'이라고 부르므로, 이것들 모두가 이슬람교 신자의 호칭이다.

/ **그림 1** / 아부다비의 그랜드 모스크

/ **그림 2** / 모스크 내부의 화려한 장식

둘째는 살라트salat, 예배를 드리는 일로 매일 일정한 시각에 규정된 형식에 따라 5회의 기도를 행하는데, 개인적으로 수시로 행하는 기도는 두아라고 부른다. 5번의 예배는 일출, 정오, 오후, 일몰, 심야에 하며 특히

금요일 오후에는 모스크mosque에서 메카가 있는 쪽에 향하여 집단예배를 한다.8

정말 중요한 업무 등 바빠서 혹은 피치 못할 사정이 있어서 5번씩 기도를 못 할 경우는 저녁 시간대에 추가로 기도를 보완하는 경우도 허용되는 관용과 예외를 인정하기도 한다.

우리나라 사람들이 중동 아랍지역에 출장을 다니다 보면 대부분의 사람이 이 시간에 맞추어 틈을 내어 기도하는 것을 볼 수가 있는데 한국 사람들의 성격상 항상 빨리빨리 습관에 젖어 있어 중간 중간에 기도하는 시간이 있는 것이 답답하게 느껴질 때도 있을 수 있으나, 이러한 측면은 그들의 문화임을 이해할 필요가 있으며, 오히려 이를 배려하는 자세가 필요하다. 따라서 이슬람권 국가에서 현지인을 채용하거나 공장을 운영하는 경우에는 기도실을 마련해주고 기도 할 수 있는 시간을 배려해 주는 것도 현지화의 가장 기본적인 시작이라고 할 수 있다.

셋째는 자카트zakat, 자선 또는 희사를 행하는 것이다. 이는 국가재정의 근간을 이루며 비이슬람 국가에 대한 선교기반을 이루기 위한 신도들의 의무 중의 하나이다. 상공업에 종사하는 부자들의 재산은 2.5%나 농민들은 년 생산량의 10~20% 정도를 희사한다.

이러한 자카트는 사회적 약자나, 빈곤층 그리고 공공복지를 위해 사용하게 되는데 이러한 나눔의 문화를 통해 함께 살아가는 공동체 삶이 상향 평준화하는 역할을 할 수 있는 것이다.

현지에 진출한 우리 기업들도 기업의 사회적 책임활동CSR: Corporate Social

8　인터넷상에 http://www.moonsighting.com에서는 언제 어디서나 기도시간을 확인할 수 있으며, 대부분의 중동 국가들이 금요일, 토요일을 휴일로 하고 일요일부터 정상 근무를 시작하는 곳이 많다. 그러나 모로코와 같은 나라에서는 서구 국가들과 마찬가지로 토요일, 일요일을 휴일하고 있다.

Resposiblity을 통하여 기업들의 이미지 제고와 국가브랜드이미지 제고는 물론 지역 사회와의 돈독한 유대관계를 구축함으로써 현지화에 좀 더 직접적으로 접근함으로써 우호적인 영업 활동을 할 수 있는 기회가 될 수가 있다.

넷째는 사움sawm, 단식9이다. 성년인 무슬림은 매년 라마단10 기간 동안 주간晝間에 음식, 흡연, 향료, 성교를 금하고 과격한 말을 삼가며 가능한 한 쿠란을 독송한다. 단 음식은 흰 실과 검은 실이 구별이 안될 만큼 어두워진 야간에는 허용된다.11

코트라가 발간한 '라마단과 비즈니스 시사점' 보고서에 따르면, 라마단 기간 중 대부분 상품의 판매가 크게 늘지만 그중에서도 판매 증가 폭이 가장 큰 품목은 식료품인 것으로 나타났다. 라마단이 식료품 상인들에는 연중 최대의 대목인 셈이다.12

이집트 국립 사회범죄연구센터NCRCR에 따르면 이집트 가정의 83%가 이 기간 중 식비를 평소보다 50% 이상 더 많이 지출하고, 연간 식료품 매출의 약 40%가 이 기간 중에 이뤄지는 것으로 조사되었다. 이는 일몰 이후 매일 처음 하는 식사이프타르, iftar 때 나타나는 폭식현상과 설탕, 대추야자, 올리브유, 쌀 등을 기부하는 부유층의 활발한 자선활동 때문이다. 이에 따라 식당들이 영업시간을 새벽 2시까지 연장하는 경우가 많고,

---

9 'saum'으로 표기하기도 한다.
10 이슬람력으로 제9월이며, 아랍어로 '무더운 달'이라는 의미. 이슬람의 무함마드사도가 쿠란을 계시받은 달이기도 하다
11 라마단 기간중에는 인사말로 라마단 카림Ramadan Kareem과 라마단 무바라크Ramadan Mubarak라고 하며 그 뜻은 영어의 Merry Christmas와 같은 것으로 라마단을 축하한다는 의미이다.
12 대한무역투자진흥공사, "이슬람의 최대 종교행사 라마단과 비즈니스 시사점", 2010.

이프타르에 대한 대대적인 광고를 한다. 대부분의 대형쇼핑센터는 영업시간 연장과 함께 대대적인 할인행사를 열기도 한다.

또한, 라마단은 가정용 영상가전제품의 판매에도 호재가 되고 있다. 낮 동안 먹지 못한 사람들 대부분은 일찍 귀가해 가족과 식사하며 시간을 보내는 탓에 집에서 즐길 수 있는 TV, 홈씨어터, DVD 플레이어 등 영상가전제품과 영상콘텐츠 상품의 판매가 크게 증가한다는 것이다. 이 때문에 유명 가전회사들 역시 신제품 출시와 대대적인 할인행사를 라마단 기간에 맞추고 있다.

그러나 이러한 비즈니스의 기회가 있는 반면, 이슬람권 국가에 생산기지를 둔 우리 기업의 경우에 생산측면에서는 막대한 손실을 볼 수 있다는 점을 생각해 보아야 한다. 낮은 생산성과 근무시간 단축, 높은 결근율 등을 각오하지 않으면 안 된다.

마지막으로 다섯 번째는 하지hajj, 메카순례를 행하는 것으로 경제적으로나 신체적으로 능력이 있는 모든 무슬림이 일생에 한 번 행해야 한다. 모든 무슬림은 매년 하지의 달에 카아바kaaba 신전 부근 또는 메카 북동쪽 교외에서 열리는 대제大祭에 일생에 한 번은 참가할 의무가 있다.

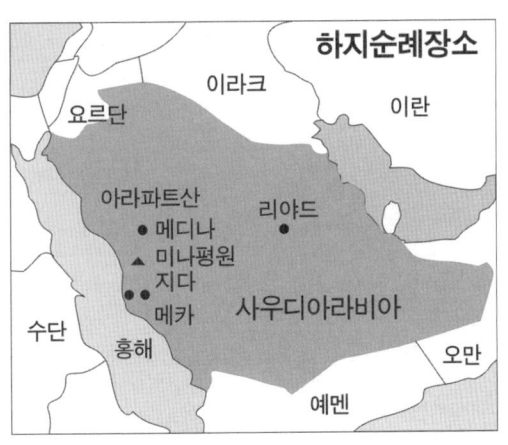

/ 그림 3/ 하지순례장소

하지에 대한 경제효과분석도 나오고 있다. 사우디아라비아 영자지 아랍뉴스는 2010년 하지 기간에 각국 순례자들이 대거 몰려들면서 성지

메카에서만 총 100억 리얄(약 2조 4,600억 원) 규모의 경제부흥 효과를 나았다고 보도한 바 있다. 거의 매년 250만 명이 넘는 순례자들이 메카로 몰리면서 메카의 카아바kaaba 신전에는 1m²에 10명이 들어찰 만큼 숙박, 음식, 관광 등의 엄청난 소비가 나타나 메카의 호텔업계는 70억 리얄riyal13, 식품·요식업계도 10억 리얄을 벌어들인 것으로, 또한 순례객들은 기념품 구입비용으로 총 20억 리얄을 소비한 것으로 조사된 바 있다.

/ **그림 4**/ 사우디아라비아 메카의 카아바(Kaaba)신전

이상으로 이슬람교의 5대 의무를 살펴보았다. 이슬람교도는 이슬람이 생활이요 관습이요 삶 자체이다. 따라서 다문화사회에 살고 있는 우리의 입장에서는 이들의 종교와 문화, 관습과 생활패턴을 이해하고 존중하는 자세도 필요할 것이다.

---

13 2015년 8월 현재 1 Riyal은 원화 310원 수준이다.

제6장 이슬람의 종파

이슬람의 종파는 수니파와 시아파의 양대 종파를 95%를 차지하고 있으며[1] 나머지 카리즈카와리즈파, 열두 이맘파와 자이드파, 이스마일파, 암살단파, 알라위파Alawis와 드루즈파Druzes 등 많은 계파로 세분되어 있다.

(1) 수니파(Sunni)

수니Sunni란 무슬림공동체 즉 움마Umma의 순나Sunnah, 관행를 추종하는 사람들이라는 뜻으로 이슬람 정통파로 보는 것이 지배적이다. 순나란 쿠란, 하디스 및 예언자와 정통 칼리파[2]들의 선례에 바탕을 두고 있으며, 하나피, 말리키, 샤피이, 한발리 등 4대 법학파로 나뉜다.

사도 무함마드 사후 움마Umma, 이슬람 공동체를 이끌어갈 지도자로서 칼리파 제도가 성립하게 된다. 초기 칼리파는 세습이 아니라 만장일치 선출제로 운영되었는데 1대로부터 4대에 이르기까지를 선출에 의한 비세습 '정통 칼리파'시대라고 한다. 다시 말해 수니파는 정통 4대 칼리파를 모

---

1 수니sunni파를 순니파, 시아shia파를 쉬아파라고 부르기도 한다.
2 칼리파khalīfa는 '뒤따르는 자'라는 뜻의 아랍어로 무함마드가 죽은 후 움마Umma, 이슬람 공동체·이슬람 국가의 지도자·최고 종교 권위자의 칭호이다. 가톨릭의 최고 지위인 교황과 비슷하다. 터키어로는 할리페Halife, 영어권에서는 칼리프Caliph로 통칭된다. 예전에는 회교황제, 회교교황, 회황回皇 등으로 번역되기도 하였다.

두 인정하는 입장이고 시아파는 정통 칼리파 중 유일한 무함마드의 혈족인 4대 칼리파 '알리'만을 정통으로 인정하는 부류이다. 이슬람교도의 80% 이상을 차지하며 가장 많은 비중을 차지하고 있다.

(2) 시아파(Shia)

빼앗긴 칼리파 자리를 살해당한 알리 가문에 되돌려주려는 운동으로써 시작된 종파이다. 시아는 '시아 알리Shia Ali' 즉 '알리를 따르는 사람들'에서 나온 명칭이기도 하며, 분파라는 뜻으로 수니파(정통파) 이외의 분파를 총칭한다.

교조 무함마드에게는 아들이 없었기 때문에 그가 죽은 후 후계를 둘러싸고 대립이 시작되면서 시아파가 생겨났다. 수니파는 무함마드의 후계자를 정통 칼리파왕조와 역대 칼리파왕조의 칼리파로 보는데 반하여, 시아파는 무함마드의 사위 알리(제4대 칼리파)만을 정통 칼리파로 보고, 그 사자嗣子들을 이맘imam, 종교지도자으로 보았으며, 유파마다 해석이 다른 신성神性을 부여하였다.

시아파는 우마위야조 창시자 무아위야가 알리와 파띠마의 장남인 하싼Hasan을 살해했다고 주장한다. 하싼의 동생 후세인Husayn은 680년 이라크의 카르발라Karbala에서 반란을 일으켰으나 참혹하게 살해됐다. 카르발라와 인접한 나자프에는 이맘 알리, 이맘 후세인 사원이 지금도 남아있어 시아파들의 최대 순례지가 되고 있다.

후세인의 제삿날인 이슬람력 정월Muharram 10일, '모하라 아슈람'은 시아파들의 최대 추모제 날이자 명절이기도 하다. 신자들은 이날 길거리에 나와 행렬을 지어 후세인의 고통을 체험한다.

시아파는 초기의 희생자들을 순교자로 떠받드는 것에서 시작했으나 훗날 유대 유일신교의 한 분파인 그노시즘Gnosticism, 영지주의3의 영향을 받아 수니의 이슬람 주류와 신학적으로도 갈라섰다. 시아와 수니의 큰 차이 중 하나는 '이맘'이라는 인도자의 존재에 대한 역할의 정의이다. 수니가 말하는 이맘은, 쿠란을 독경하고 예배를 인도하는 정도의 사람을 가리킨다.4 그러나 시아의 이맘은 알리와 후세인의 후계자, 쿠란의 신비를 밝혀주어 신도들을 빛과 은총으로 이끄는 사람으로 격상됐다. 이란의 아야툴라 루홀라 호메이니5와 그 뒤를 이은 최고 종교지도자 알리 하메네이 같은 이들이 가장 최고위급의 이맘들이다.

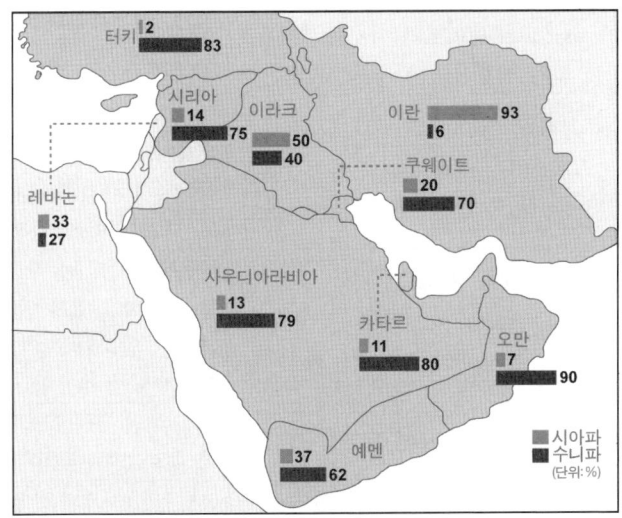

/ **그림 1**/ 중동지역의 수니파와 시아파의 분포구조

---

3 영지주의靈智主義란 영적인 인식을 추구하는 서양의 신비주의를 말한다. 그노시즘이란 말은 그리스어의 '그노시스gnosis'에서 유래한다.
4 전통적으로 이슬람은 신과 인간 사이의 중재자, 즉 '성직자'를 인정치 않으며 모든 신도가 직접 신앙의 힘으로 신과 소통할 수 있다고 믿는다.
5 이란의 샤 모하마드 레자 팔레비국왕을 몰아낸 1979년의 이란 이슬람 혁명의 정치 지도자 겸 종교 지도자이다.

시아파들은 희생과 순교를 중시하는데, 무함마드 사후 열두 이맘의 시기가 지나고 마지막 12대 이맘이 873년에 사라졌다고 믿는 '열두 이맘파'에게서는 메시아사상의 전형을 찾아볼 수 있다. 이들은 사라진 12대 이맘이 오랜 은둔에서 벗어나 언젠가 지상에 마흐디(구세주)로서 나타날 것이라 믿고 있다. 훗날 많은 이들이 마흐디를 자처하면서 등장하기도 했다.

/ **표 1** / 수니파와 시아파의 비교

	수니파(Sunni)	시아파(Shia)
주요국가	사우디아라비아, 이집트, 터키, 카타르, 쿠웨이트와 아시아 및 아프리카 신흥 이슬람국 대부분	이란, 아프가니스탄, 이라크, 시리아 등 일부
인구비중	약 14억 명(약 80%)	약 2억 7천만 명(약15%)
차이점	무함마드 사후 혈통이 아닌 3명(제1~3대)의 칼리파를 모두 인정함	무함마드의 계승자가 사위인 알리(제4대 칼리파)에게 있다고 보고 그 혈통만을 인정함
예언자	신의 계시를 인간에게 전달하는 단순한 임무만을 부여받았으며, 알리 중심의 이맘제도를 거부함	높은 학식을 소유하고 신적 속성을 소유하고 있는 완전무결한 존재이며 알리와 그의 자손중심의 이맘제도를 추종함
메시아	최후의 심판 날에 등장함	12대 이맘(무하메드 알 문타자르)이 재림하여 메시아로 등장함
이슬람법	하나피, 말리키, 샤피이, 한발리 등 4대 법학파를 인정	6대 이맘(자으파르 알 사디크)의 자으파르 법전만 인정함
예배	하루 5번 예배	5번 예배를 3차례로 나누어 실행할 수 있도록 인정
예배방식	예배시 두팔을 앞으로 포갬	두팔을 포개지 않고 밑으로 내림
결혼	결혼의 기간을 정해 놓은 계약결혼을 죄악으로 간주	12대 이맘이 일시적 결혼을 인정하였으므로 죄악시 하지 않음
종교관행	성인 숭배사상을 비난하며 성인사진을 전시하지 않음	성인숭배의식과 성인묘소방문과 순례의식을 포함함

(3) 카리즈파(Kharijis)

무함마드 사망 25년 뒤, 칼리파 우스만이 살해를 당하자 무함마드의 사촌이자 사위인 알리가 그 뒤를 이었다. 우스만의 6촌인 다마스커스 총독 무아위야는 알리가 우스만의 복수를 적극적으로 하지 않는다면서 반란을 일으켰다.

이 내란 속에서 알리 지지자들은 주전파와 협상파로 갈라지게 되었는데, 그중 주전파는 절대신 알라만이 중재를 할 수 있고 인간은 현 상황에서 계속 싸워야 한다면서 알리 진영을 떠난다. 이들이 이슬람 역사상 최초의 종파 카리즈파Kharijis, 탈퇴자이다.

카리즈파는 전투적인 행동주의자여서, 지하드jihad, 聖戰6를 여섯 번째 '신앙의 기둥'으로 삼았다. 661년 이들은 알리를 살해했다. 카리즈파는 메카의 부족 꾸라이쉬의 자손만이 칼리파가 될 수 있다는 수니파의 전통적 견해를 비난하고, 독실한 무슬림이면 누구나 칼리파가 될 수 있어야 한다고 주장했다. 만민 평등주의적 입장과 아랍귀족층에 대한 적개심 때문에 베두인과 비아랍계 무슬림 추종자를 얻을 수 있었지만, 내분으로 뒷날 저절로 약화됐다.

현재는 알제리와 튀니지의 베르베르 지역, 동아프리카 탄자니아와 아라비아반도의 오만에 조금 남아있을 뿐이다. 그러나 이들의 청교도적인

---

6 지하드는 "투쟁" 또는 "전투"를 뜻하며, 이슬람은 지하드의 의무수행을 마음·혀·손·칼에 의한 네 가지 방법으로 구분하고 있다. 첫째는 악마와 싸워 악으로 이끄는 그의 유혹을 이겨내어 자신의 마음을 정신적으로 정화하는 데 있다. 혀와 손을 통한 이슬람의 전파는 옳은 것을 지지하고 잘못된 것을 바로잡는 것으로 대부분 달성된다. 의무를 수행하는 4번째 방법은 이슬람 신앙을 믿지 않는 적들에 대항하여 몸소 전쟁을 치르는 것이다. 신의 계시에 대한 믿음을 고백한 사람들(특히, 그리스도교도들과 유대교도들)은 특별한 고려의 대상이 되었다. 그들은 이슬람으로 개종하거나 적어도 이슬람 통치에 순종하여 인두세와 토지세를 물 수 있었다. 만약 두 선택이 모두 거부된다면 지하드가 선언되는 것이다. 출처: 브리태니커 백과사전 온라인.

정신은 18세기 사우디아라비아 건국의 기반이 된 와하비Wahhabi7 운동의 바탕이 되기도 했다.

(4) 열두 이맘파와 자이드파

시아파의 85%를 이루고 있는 열두 이맘파는 이란과 이라크 인구의 주축을 이루고 있으며 이란의 국교이다. 아라비아 반도에는 드물게 분포하고 있고, 레바논과 파키스탄, 아제르바이잔, 인도 등지에 소수파로 존재한다. 북아프리카 모로코의 경우 왕가는 알리의 자손임을 주장하고 있지만 국민들은 수니 말리키파다.

자이드파는 후세인의 손자 자이드Zayd에서 유래했다. 이들은 열두 이맘 중 후세인의 아들인 4대 이맘까지만 인정하는데, 여기에 자이드를 포함시켜 다섯 이맘파라 부르는 이들도 있다. 자이드파는 알리 이후 수니파 칼리파를 인정치 않는다는 점을 빼면 교리상 수니와 같다. 예멘 지방에 많이 남아 있다.

(5) 이스마일파(Ismail)와 암살단파

시아파 중 가장 논쟁의 여지가 많고, 그런 이유로 옛 문헌이나 소설에 가장 자주 소재로 다뤄졌던 것이 이스마일파, 즉 일곱 이맘파이다. 그들은 열두 이맘파의 7대 이맘 무사 대신 6대 이맘 자아르 알 싸디끄(765년 사망)의 장남 이스마일을 추종하기 때문에 이스마일파라는 이름이

---

7 이슬람 원리주의 운동으로 와하브Muhammad Abd al-Wahhab(1703-1787)가 기존의 이슬람 학자들을 비판하면서 무함마드가 가르친 본래의 이슬람으로 돌아가자는 주장을 펼치게 된다. 그는 기존 이슬람 학자들의 저서에서 비이슬람에게 관용을 가르치는 부분을 삭제시킬 정도로 이슬람을 전투적 종교로 개조시켰다. 하지만 그의 주장은 지나치게 극단적이어서 고향에서 내쫓기는 등 배척을 당하기도 하였다.

붙었다. 이들은 빈민들의 지원을 바탕으로 압바스조 칼리파에 맞서 인기를 모았다. 10세기 한때 메카를 점령하기도 했다.

이스마일파의 또 다른 분파는 북아프리카에서 아랍족과 베르베르족 사이의 긴장을 이용해 권력을 잡고 파티마 왕조(909-1171)를 세운 우바이둘라 알 마흐디(909-934) 세력이다. 이들은 969년 이집트를 정복하고 옛 수도 푸스타트 근처에 까히라al-Qahirah 승리자; 오늘날의 카이로라는 도시를 세웠다.

칼리파조는 까히라에 거대한 도서관을 짓고 이슬람 교리의 본산이자 세계에서 가장 오래된 대학이라는 알 아즈하르al-Azhar 성원聖院을 만들었다. 이 칼리파조는 11세기 초 국력을 키워 팔레스타인과 시리아 등지를 세력권에 넣었으며, 바그다드의 칼리파도 한때는 카이로의 세력에 맥을 못 췄다. 그러나 1171년 아유브조의 살라후 앗 딘(1138-1193; 살라딘)에 멸망했으며 이집트와 시리아는 다시 수니의 손으로 들어갔다.

암살단파는 '산상의 노인'이라 불렸던 이란계 지도자가 11세기 말 파티마조와 결별하고 이란과 시리아를 잇는 산악지대에 요새를 만들면서 명성을 얻기 시작했다. 마약의 일종인 해시시hashish[8]에 중독돼 암살을 저지른다는 점에서 아싸씬이라는 이름을 얻었으며, 이는 영어 assassination 암살의 어원이 되기도 했다. 중세 십자군 전쟁을 다룬 기록들이나 마르코 폴로의 '세계의 서술(동방견문록)' 등 옛 문헌들에는 '산상의 노인'에 대한 전설이 많이 나와 있다.

암살단파는 자객을 이용, 주로 수니파 칼리파들을 살해했다. 현대의 학자은 암살단파가 예루살렘을 놓고 전쟁을 벌였던 기독교 세력보다는

---

8 원뜻은 '풀'을 의미하는데, 대마qunnab를 가리킨다. 술이 이슬람교도에게는 엄중히 금지되었던 것에 비해, 해시시는 현실적으로는 허용되었기 때문에, 특히 이집트에서는 기호품으로서 일반서민들 사이에 애용되었다고 한다.

오히려 수니 기득권층에 더 큰 위협이 됐던 것으로 보고 있다. 이들에 살해된 최초의 희생자는 셀주크조의 술탄 말리크샤(1072-1092)의 재상으로 유명한 니잠 알 물크(1091년 사망)였다.

암살단파는 수니 지도층을 살해, '숨은 이맘'의 통치체제를 전 이슬람권에 확립하는 것을 목표로 삼았으나 13세기 내분이 일어나면서 약화됐고, 이란을 점령한 몽고군에 의해 섬멸됐다. 시리아의 분파도 이집트, 시리아에서 득세한 맘루크조에 의해 제거됐다. 현재까지 남아있는 추종자는 소수에 불과하며, 암살이 아닌 사업에 종사해 현대사회에서는 오히려 무슬림 부유층을 형성하고 있다.

(6) 알라위파(Alawis)와 드루즈파(Druzes)

이스마일파의 영향을 받아 생겨난 종파들로, 오늘날 레바논과 시리아 등지에 분포한다. 그러나 이들은 이슬람 주요 교리에서 워낙 벗어나 있어, 시아 무슬림이라기보다는 수니파, 시아파 이외의 제3의 종파로 분류되곤 하며 심지어 이슬람이 아닌 다른 종교로까지 분류되기도 한다.

알라위파Alawis는 시아파의 알리 숭배를 극단화시켜 신격화했는데, 창시자인 무함마드 이븐 누사이르Muhammad ibn Nusayr의 이름을 따 '누사이리파'라 불리기도 한다. 레바논, 시리아에 많은 성스런 나무숲을 숭배할 뿐 아니라 기독교 의례까지 받아들여 부활절까지 축하하곤 한다. 시리아에서도 인구의 1% 만이 알라위파이지만 장기집권했던 하페즈 알 아사드 전대통령과 그 아들로 세습정권을 이어가고 있으며 바샤르 알 아사드 현대통령이 이 종파인 덕에 권력층이 형성되어 있다.

드루즈파는 11세기 이스마일파에서 나온 다라지Darazi라는 인물이 숨은 이맘 '마흐디'를 자처하면서 창시했다. 비밀주의가 강하며, 레바논에 주로 분포하고 있다. 신의 예언자 무함마드를 따르는 이슬람과 달리 하킴이라는 칼리파가 신의 현신이라 주장하며 일신론을 믿는다.

일부다처제는 금지돼 있고 여성들의 지위는 남성과 동등하며 영혼은 윤회한다고 믿는다. 이슬람의 하지^{hajj, 순례} 기간에 축제를 열긴 하지만 순례 자체는 하지 않으며 라마단 금식도 하지 않는다. 공동체를 만들어 생활하는 경우가 많으며 금욕적인 생활을 찬양한다. 교리와 관행으로 보아, 이슬람이라기보다는 별도의 종교로 보는 시각이 지배적이다.

(7) 바비파(Babis)와 바하이파(Bahai)

19세기 중반 이란에서 나타난 바비파는 아랍어로 '문'을 뜻하는 '밥'이라는 말에서 나왔다. 이는 진리의 문을 뜻한다. 바비파는 구약성서와 조로아스터, 중국에서 전해져온 유교 사상과 불교 등의 예언자들을 모두 인정했다. 이들은 이란의 부패한 왕정에 반대하다가 잔혹한 탄압을 당했다. 대량학살에서 살아남은 추종자들은 바하울라라는 예언자를 추종하는 바하이파로 계승됐다.

바하이파는 관용과 사회의식을 가장 중요하게 여긴다. 이들은 이맘 알리가 남긴 메시지는 사회를 개혁하고 살기 좋게 만드는 것이라 믿는다. 여기에는 여성 평등, 교육과 국제평화 등이 모두 포함된다.

바하이파는 대부분 평화주의자로서 양심적 병역거부와 금주 금연, 채식 등을 선호한다. 이들도 이란 정부의 박해를 받았으며, 왕정이 끝나고 1979년 이슬람혁명 세력이 정권을 잡은 뒤에도 계속 탄압을 받고 있다.

(8) 수피파(Sufi)

이슬람 시아에서 갈라져 나온 신비주의 수피즘은 종교라기보다는 철학사상에 가깝다. 현대 서구문명에도 많은 영향을 미친 수피즘은 금욕적인 자기수양을 높이 평가하고 있다. 수피주의자들은 춤과 노래를 통해 신과 하나가 되려 한다.

   치마와 비슷한 옷을 입은 남자 무용수가 빙글빙글 돌면서 무아지경에 이르는 수피댄스로 유명하다.

제7장 이슬람의 생활

제1절 이슬람의 의생활[1]

이슬람의 복장은 사막의 모래바람과 작열하는 태양과 열기를 막기 위해 주로 전신을 감싸는 형태의 복장이 대부분이다.

특히 아랍권의 모자는 챙이 없는 것이 특징인데, 이것은 얼굴을 땅이나 마룻바닥에 대는 기도 자세로 인해 모자에 챙이 있으면 안 되기 때문이다. 그래서 이슬람 군인의 모자에도 챙이 없다.

이슬람 남성의 전통복장은 머리에 쓰는 것과 몸에 걸치는 원피스(상하 일체)로 구성된다. 먼저, '깐두라kandura'라고 부르는 긴 원피스는 '디쉬다쉬Dishdash'라고도 표기하는데 국가마다 부르는 이름에 차이가 있다. '깐두라'는 일반적으로 목부터 가슴 끝까지 전면에 단추를 여밀 수 있도록 되어 있으며 소매 끝과 목 부분 컬러의 형태는 국가마다 선호되는 형태가 상이하다. '깐두라'는 일반적으로 흰색을 즐겨 입지만 최근엔 갈색, 진청색 등 젊은 층을 중심으로 컬러 '깐두라'도 눈에 띄고 있다.

---

[1] 이슬람은 전 세계 150여 개 국에 분포되어 있어 각국의 의복 스타일이 다르기 때문에 아랍권을 중심으로 공통된 특징을 설명하도록 한다.

/ 그림 1 / 다양한 형태의 깐두라kandura

머리에는 케피아Keffiyeh2라는 주로 흰색 또는 체크 문양의 스카프를 덮어쓰고 이갈Igal 또는 아갈Agal이라는 검정색 띠를 두른다.3 그리고 머리

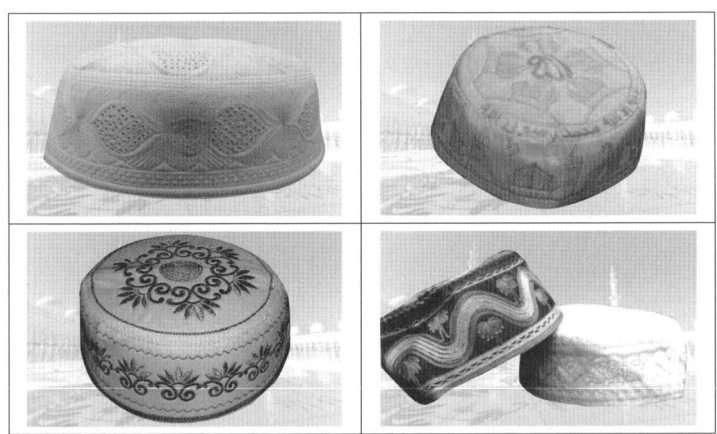

/ 그림 2 / 다양한 종류의 타끼야

---

2 쉐마Shemagh 또는 구트라Ghutra 등의 용어로도 불린다.
3 이갈은 케피아를 고정시키는데 쓰이기도 하지만, 천막에 머물 때 낙타를 묶어두기 위한 끈으로 사용된다.

안에는 타끼야Taquiyah라는 하얀색 모자를 케피아 안에 쓰는데 이를 쿠피 Kufi라고도 한다.4

한편 여성들은 주로 얼굴을 가리는 의상을 주로 입게 되는데 이를 베일veil5이라고 한다.

쿠란의 구절 여러 곳에 이러한 이야기가 등장하는 데 가장 중요한 것은 33:59로 볼 수 있다. 한국어판 쿠란 의미 해설서에는 몸 전체를 감추거나 넓은 옷으로 목에서 가슴까지 여성의 몸을 가리는 것은 남성으로부터의 유혹과 간음을 예방하는 데 목적이 있다고 기록하고 있다.

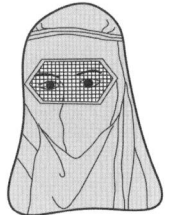

/ 그림 3 / 베일의 종류(왼쪽부터 히잡, 차도르, 니캅, 부르카)

쿠란 33:59 예언자들이여 그대의 아내들과 딸들과 믿는 여성들에게 베일을 쓰라고 이르라. 그때는 외출할 때라 그렇게 함이 가장 편리한 것으로 그렇게 알려져 간음되지 않도록 함이라 (후략)

이슬람 여성들이 쓰는 베일은 지역, 일의 종류, 문화 수준, 사회의 윤리적 표준, 집안의 가풍에 따라 매우 다양하다. 또한, 사회 환경과 기후 등의 영향을 받는다. 오늘날 이슬람 사회에서 통용되는 베일은 국가와

4　아랍에서는 페즈fez 또는 동남아시아에서는 투뻬라고도 부른다.
5　흔히 베일은 면사포面紗布로 많이 번역되며, 히잡과 혼용하여 쓰이기도 한다.

민족에 따라 그 명칭과 모양이 다른데, 일반적으로 아랍 국가에서는 히잡Hijab으로 통용된다. 히잡은 아랍어로 '가리다' 혹은 '격리하다'라는 뜻에서 파생된 단어다. 베일은 형태에 따라 전신 은폐용, 두건형, 복면형 등으로 나뉘고, 지역별로는 크게 네 가지로 구분된다.[6]

① 부르카(Burka)

인도·아프가니스탄·이집트의 일부 베두인Bedouin족이 쓰는 베일이다. 머리에서 발끝까지 모든 부위를 가리며, 눈 부위를 망사로 처리해 밖을 볼 수 있게 되어 있다. 베일 중에서 가장 보수적이다. 손에 장갑을 끼기도 한다. 1970년대까지 주로 청색을 애용했으나, 요즘은 검은색도 등장했다. 차드리Chadri라고 불리기도 했다.[7]

② 차도르(Chador)

주로 이란에서 쓰는 베일로 망토형이다. 검은색이 많으며, 안에 양장을 입는다. 차도르는 원래 '덮는다'는 의미의 이란어이다. 1930년대까지는 두 가지 방식을 사용했다. 구식 차도르는 흰색 목면으로 만든 좁고 긴 천을 드리우는데, 그 천에 작은 눈구멍이 그물로 처리되어 있고 머리 뒤에 있는 버클로 고정한다. 새로운 형태의 차도르는 앞이 개방된 것이 아니라, 천 두 폭을 이어서 자루처럼 꿰매어 만든다. 앞은 가슴에서 핀으로 고정하고, 뒤는 머리에 쓴 뒤 앞에 달린 끈 두 개로 이마에 묶는 형태다. 20세기 초반까지는 차도르 색상이 다양하고 직물도 꽃무늬가 있을 만큼 화려했다. 그러나 현재 이란에서는 검은색 차도르가 일반적이다.

---

6 http://www.sisainlive.com
7 https://en.wikipedia.org/wiki/Burqa

③ 히잡(Hijab)

코란에 언급된 의상으로 알려져 있으며 두건 모양이다. 얼굴만 내놓고 상체는 가린다. 가슴 부위까지 가려서 입어 벗기가 비교적 쉽다. 색상이 다양한 게 특징이다. 아바야Abaya라고도 불리며, 비교적 자유로운 북아프리카의 튀니지·모로코나 시리아 등에서 주로 착용한다. 종파에 따라 스카프를 다르게 묶기도 한다. 주로 스카프와 더불어 긴 외투(질레바)를 걸친다.

④ 니캅(Niqab)

히잡에 얼굴 가리개를 덧붙인 형태다. 다른 덮개를 이용해 머리를 가렸을 경우에는 눈 아래를 가리거나, 가슴 혹은 목까지 가리기도 한다. 주로 파키스탄·모로코 산간 지방 여성이 쓴다. 히잡처럼 색깔이 다양하다.

한편 이러한 복장에 대하여 유럽의 일부 국가들은 이슬람 혐오주의, 이슬람 여성의 성차별 등을 이유로 전신을 가리는 형태인 부르카와 니캅을 금지하는 법안을 속속 제시하고 있다. 특히 전신을 뒤덮는 의복형태가 자살폭탄테러의 위험성이 있다고 보는 견해를 갖고 있기도 하거니와 유럽 내에서 무슬림 이민자들이 늘어나면서 반反 이슬람 정서가 고조되고 있는 데 따른 것이다. 현재 EU 인구(약 4억 5,000만 명) 중 무슬림 인구는 5,000만 명에 달한다. 게다가 낙태를 금지하는 샤리아율법에 따라 무슬림 출산율이 백인보다 훨씬 높아 수십 년 내에 1억 명을 돌파할 것이란 전망도 있어 반이슬람주의 성향이 높아져 가고 있다.[8]

---

[8] 무슬림 인구 증가는 유럽 국가들 내에서 '정체성' 논쟁을 불러일으키고 있으며, 부르카, 미너렛minaret, 사원 첨탑 등 이슬람 문화에 대한 제한 조치로 이어지고 있다. 스위스에선 2009년 말 미너렛 건축 금지 법률을 국민투표에 부쳐 57% 찬성률로 통

제일 먼저 이러한 복장에 대한 규제를 시행하기로 논의한 국가는 벨기에이다. 벨기에 하원은 2010년 4월 29일 이슬람 여성들의 '부르카Burqa·전신을 가리는 검은색 전통의상 착용 금지법'을 통과시키면서 유럽에서 부르카 착용금지 조치를 시행하였다. 벨기에 하원은 얼굴 전부를 가리는 부르카를 포함, 신원을 완전히 확인할 수 없게 하는 옷과 베일을 공공장소에서 착용하지 못하게 하는 법안을 압도적 찬성률로 통과시켰다. 투표에 참여한 의원 134명 중 반대표를 던진 사람은 한 명도 없었고, 단지 2명의 의원만 기권했다.

벨기에 금지법안에 따르면 거리와 공원, 운동장, 공중公衆이 이용하는 건물 내에선 부르카 착용이 전면 금지되는 것이다. 다만 지방자치단체가 특별히 허락할 경우 지역 축제 등에서는 제한적으로 착용이 가능하다. 이 법은 2011년 6월 23일부터 시행되었는데 법을 위반하는 여성은 최대 7일 이내의 구류 처분과 137유로 50센트(약 16만 원)의 벌금을 부과받게 된다.

벨기에의 부르카 착용 금지법 제정은 다른 나라에도 많은 영향을 끼쳐, 프랑스의 경우에는 2010년 10월 11일에 법률을 제정하고 2011년 4월 11일부터 시행하여 실질적으로 유럽국가 중 부르카 착용금지를 최초로 시행한 국가가 되었다.

프랑스에서는 이 법을 위반하면 최대 150 유로(약 18만 원)의 벌금을 물거나 시민교육을 이수해야 한다. 프랑스 경찰은 법이 시행된 1년 동안 354명을 적발, 299명에게 벌금을 부과했다고 발표한 바 있다.

심지어 유럽인권재판소는 프랑스의 부르카 금지법이 문제가 없다고 결론 내렸다. 재판소는 "부르카 금지법이 유럽인권보호조약에 위반되지

과시키기도 하였다.

않는다"며 '얼굴이 사회적 상호작용에서 중요한 역할을 한다'는 프랑스 정부의 주장에 손을 들어줬다.

　프랑스뿐만이 아니다. 이슬람 극단주의 세력의 테러 위협에 떨고 있는 국가들은 너나 할 것 없이 부르카에 극도로 예민한 반응을 보이고 있다. 호주에선 '얼굴 없는 사람들'faceless이라는 단체가 호주 전역에서 부르카 착용을 금지해야 한다며 KKK 복면, 모터사이클 헬멧, 니캅 등으로 얼굴을 가린 채 수도인 캔버라 연방의회 진입을 시도하다 제지당하는 해프닝이 있었다고 BBC 등 외신이 보도하기도 했다. 호주는 최근 수니파 극단주의 무장단체 이슬람국가IS가 보복 테러 대상국으로 지명한 국가이기도 하다.

　이들은 부르카가 공공안전을 위협한다고 주장한다. 실제 이슬람 극단주의 세력은 종종 부르카를 착용한 여성을 자살폭탄 요원으로 이용하기도 한다. 이런 자살폭탄 테러는 여성의 몸을 수색하기를 꺼리는 문화와 맞물려 주로 이슬람권에서 발생했지만 9·11테러 이후 미국이나 유럽 등

/ 그림 5 / 호주캔버라의 부르카착용금지법안 옹호시위

제7장 / 이슬람의 생활

지에선 자국에서도 이런 테러가 얼마든지 벌어질 수 있다는 공포심이 커졌다. 특히 프랑스는 국제사면위원회Amnesty International의 "자신의 정체성과 믿음의 표현으로 베일을 착용하는 무슬림 여성들의 종교와 표현의 자유를 침해하는 것"이라는 비판에도 불구하고, 법안을 시행하였는데, 프랑스는 유럽에서 무슬림이 가장 많이 사는 나라로서 5~600만 명의 무슬림이 거주하고 있어 이러한 법을 강행한 것으로 보인다.

여러 가지 논란에도 불구하고 유럽 및 유럽 이주민 중심 사회에서 부르카 금지법이 더욱 많은 지지를 얻고 있으며 계속 퍼져나가고 있는데, 프랑스 이외에도 스위스, 이탈리아, 벨기에, 네덜란드, 스페인, 호주 등에서도 부르카 금지법이 마련되었으며, 영국도 검토 중이며 캐나다에서는 시민권 선서 시 부르카를 착용하지 못하게 하고 있다.

한편 '중국의 화약고'라고 불리는 신장新疆위구르자치구 중심도시인 우루무치烏魯木齊에서도 금년 1월 '부르카 금지법'이 통과되어 곧 시행될 예정이다.

제2절 이슬람교의 예배의 중요성

이슬람에서 신도들은 5대 종교적 의무를 지고 있는데 이를 오행五行이라고 하며, 신앙고백샤하다, shahadah, 예배살라트, salat, 기부자카트, zakat 금식사움, sawm 및 성지순례하지, hajj가 그것이다. 이중 예배는 가장 큰 덕목으로 생각하고 있다.

이슬람의 예배는 하루 다섯 차례의 의무예배와 임의로 드리는 임의예배가 있다. 예배는 정해진 순서에 따라 암기해야 하는 것과 행동해야 하는 것이 있어 이를 지켜야 한다.

의무예배는 해의 움직임에 따라 정해진 시간에 맞추어 하루 다섯 차례의 예배를 반드시 드린다. 그 다섯 차례는 파즈르Fazar, 새벽, 주흐르Zuhur 정오, 아스르Asar, 오후, 마그립Maghrib, 일몰, 이샤Isha, 밤 예배이다.

새벽 예배는 동틀 녘부터 해돋이 전, 정오 예배는 하루 중 해가 한가운데 있을 때, 오후 예배는 해가 기울기 시작하여 햇빛이 노래지기 시작할 때, 일몰예배는 해가 떨어져 붉은 노을이 사라질 때, 밤 예배는 해가 완전히 어두워진 때이며 그 시간은 한밤중까지다.

무슬림은 예배에 앞서 반드시 몸을 청결히 닦는데 이를 '우두wudu'라고 한다. 우두는 전신목욕이 아니라 신체의 특정 부위를 닦는 것으로, 손 - 입 - 코 - 얼굴 - 팔 - 머리 - 귀 - 발을 3번씩 세정하며, 머리와 귀는 한 번 세정한다. 우두의 순서는 오른쪽을 기준으로 한다, 우두를 행하지 않으면 예배를 볼 수 없고, 만약 우두 없이 예배를 드리면 그 예배는 무효가 된다.

특히 대·소변을 보았을 때, 방귀를 뀌었을 때, 성적인 의도에 의해 남녀의 몸이 접촉했을 때, 의식적으로 성기에 손을 댔을 때, 깊은 잠을 자고 났을 때, 기절했을 때, 취했을 때, 광기를 일으켰을 때, 피를 흘렸을 때는 반드시 우두를 행하도록 하고 있으며 반드시 순서를 지켜서 하도록 하고 있다.[9]

우두는 다음과 같은 순서로 하게 된다.

① 손목을 포함한 손을 세 번 씻는다.
② 입을 물로 세 번 헹군다.

---

9 http://blog.naver.com/PostList.nhn?blogId=arabickorea

③ 얼굴을 세 번 씻는다.
④ 오른팔을 팔꿈치까지 세 번 씻은 후
⑤ 왼팔도 팔꿈치까지 세 번 씻는다.
⑥ 머리를 물 묻은 손으로 살짝 만진 후
⑦ 귓구멍을 양손의 집게손가락으로 가볍게 닦는다.
⑧ 흐르는 물로 오른발을 발목까지 닦으면서 발가락 사이를 일일이 손으로 닦은 후 왼발에도 오른발에도 한 것처럼 똑같이 한다.

만약 물이 없거나 상처가 나서 물을 만질 수 없는 상태에서는 깨끗한 모래 위나 흙 위를 만져 얼굴과 손등을 씻는 타이얌뭄^{tayyammum}으로 우두를 대신할 수 있다. 타이얌뭄의 경우는 주변에서 물을 쉽게 찾을 수 있는 환경에서 하여서는 안 되고, 물로 하는 우두와 순서가 약간 다른데 다음의 순서대로 한다.

① 우선 양 손바닥을 깨끗한 흙바닥에 가볍게 친 후
② 양 손바닥으로 얼굴을 한 번 문지르고
③ 다시 한 번 바닥을 친 후
④ 양손과 팔을 번갈아 문지른다.

한편 우두가 아닌 구슬$^{ghusl, 목욕}$을 해야 하는 경우는, 무슬림으로 입교할 때, 무슬림이 사망 했을 때(매장 전에 고인을 목욕시킨다), 성교 후, 몽정 후, 월경 기간 후, 해산 후 출혈이 있을 때와 산욕기(최장 40일) 등이다.[10]

---

10 http://blog.naver.com/islamkorea

이슬람국가의 호텔과 같은 경우에는 전용비데처럼 고객들이 손쉽게 우두를 할 수 있도록 자동화된 기계를 구비한 경우가 많다.

이슬람 예배는 정해진 형식에 따라 진행되는데 먼저 선 상태에서 팔짱을 끼고 쿠란의 제1장을 외우고 다시 짧은 구절을 외운다. 그 후 두 손을 무릎에 대고 허리를 90도 숙인 상태의 반절을 하고 다시 몸을 폈다가 큰절을 하는데 이때 이마와 코끝이 바닥에 닿아야 한다.

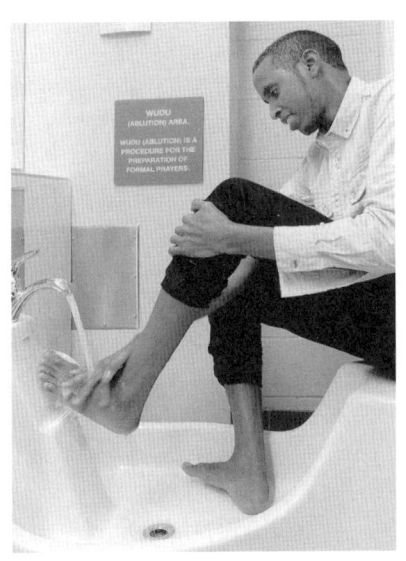

/ 그림 6 / 호텔에 설치된 우두장치

큰절을 한 번 한 다음 허리를 펴 무릎을 굽혀 앉은 자세를 했다가 다시 한 번 더 큰절을 하는 것이 예배의 기본 단위가 되는 한 개의 '라카아트 Rakhath'가 된다. 예배마다 기본적으로 하는 라카아트 수가 정해져 있다. 하루 다섯 차례의 예배는 새벽 2번, 정오 4번, 오후 4번, 일몰 3번, 밤 4번의 라카아트 수를 반복해야 한다.

같은 장소에서 둘 이상이 할 경우 모여서 함께 예배를 올리게 되는데, 예배는 더러운 장소가 아니면 길, 학교, 상점, 산 등 어느 곳에서든지 드릴 수 있다. 다수가 한 장소에서 예배를 드릴 때 그중 한 사람이 예배를 인도하게 되는데 이는 행동을 통일하기 위해서이며, 이때 예배 인도자를 '이맘imam'이라 한다. 이맘은 신도 중에서 가장 나이가 많거나 학식이 유난히 뛰어난 사람이 맡게 된다. 이맘을 제외한 모든 신도는 발끝과 어깨를 나란히 하여 좌우로 길게 늘어서는데 이는 모든 무슬림들이 신앞에 평등함을 의미한다고 한다.

예배를 드리는 방향은 '키블라'라고 하며, 무슬림은 세계 어느 곳에서든 사우디아라비아의 메카에 있는 '카아바Kaaba'라는 옛 신전을 향해 예배를 드린다. 이는 세계의 무슬림들이 하나의 형제로 통일돼 있음을 뜻한다.

우리나라에서도 스마트폰 앱으로 '키블라'를 검색할 수 있으며, 세계적으로도 '키블라'를 검색할 수 있는 많은 앱이 있다.

이외에도 인터넷 사이트 http://halalmaps.com에서는 전 세계의 모스크Mosque와 기도처Musalla, 정육점, 식품점, 식당 및 이슬람학교 등을 검색할 수 있다.

/ **그림 7** / 할랄맵스 홈페이지(http://halalmaps.com)

제3부

주요 국가의 할랄인증제도

제 8 장 말레이시아의 JAKIM

제 9 장 인도네시아의 MUI

제10장 싱가포르의 MUIS

제11장 태국의 CICOT

제12장 우리나라의 KMF

제13장 할랄인증의 표준화

제8장 말레이시아의 JAKIM

제1절 말레이시아의 시장 현황과 할랄인증

말레이시아의 인구는 2014년 기준 약 3,025만 명으로 한반도의 약 1.5배인 32.9만㎢의 면적을 지니고 있다. 인구 중 62%가 무슬림이며, 법률상 종교의 자유를 보장하고는 있지만, 국교로 이슬람교를 믿고 있다. 인구 면에서는 인도네시아에 이은 아시아 최대의 이슬람국가이다.[1]

신임제 입헌군주제로서 2011년 12월 국왕 압둘 할림 The Yang di-Pertuan Agong Al-Wathiqu Billah Tuanku Abdul Halim Mu'Adzam Shah 이 취임하였고, 양원제의 의원내각제의 정부형태를 띄고 있다.

IMF 통계에 의한 경제현황을 2013년 기준으로 살펴보면,

- 국내총생산(GDP): 3,124억 불
- 1인당 GDP: 10,428불
- GDP 성장률: 4.7%
- 교　역: 4,345억 불

---

1 외교통상부 자료, 말레이시아 약황(2015년 4월 3일 현재) 참조

- 수출: 2,284억 불
- 수입: 2,061억 불
• 외환보유고: 1,349억 불

로 나타나 있다.

화교華僑가 상권을 장악하고 있기는 하지만, 풍부한 천연자원과 인구 대비 광대한 영토 그리고 자급자족의 수준은 아니더라도 산유국으로서 동남아 국가 중 아주 탄탄한 경제기반을 지니고 있다.

말레이시아는 국교가 이슬람이기 때문에 기본적으로 할랄에 대한 개념은 하루 이틀에 파생된 개념이 아니라 이슬람역사와 함께 그 자체로 전파되어 온 생활의 일부라고 볼 수 있다.

말레이시아는 할랄인증이라는 것이 새로운 국가적 전략사업이라는 것을 인식하고, 과학기술혁신부MOSTI: Ministry of Science, Technology and Innovation의 표준청DSM: Department of Standards of Malaysia이 2004년 7월 Halal guideline을 공표하여, 모든 육류, 가공육류, 돼지고기, 달걀 및 달걀제품은 JAKIM으로부터 할랄인증을 받도록 하며, 이에 대하여 이슬람 규율에 따른 도살, 가공 및 기타 사항 등에 대한 상세한 절차를 기술하였다.

이러한 표준정비를 바탕으로 2006년에는 할랄산업개발공사HDC: Halal Development Corporation를 설립하여 글로벌 할랄 산업의 허브로 성장하기 위한 추진조직체를 만들기 시작하고, 2012년에는 그동안 이슬람 관련 기관들이 인증하던 할랄인증 업무를 정부의 조직인 이슬람개발부JAKIM: Jabatan Kemajuan Islam Malaysia로 모두 흡수 통합하는 조치를 취하였다.[2] 이는 전 세계

---

[2] 할랄 표준의 제정에 있어서도 당연히 정부가 주도하였는데 과학기술혁신부

적으로 300여 개씩 난립한 할랄인증기관들이 모두 국가기관이 아닌 이슬람 관련 단체 또는 이슬람 종단임을 간파하고 국가적 공신력을 바탕으로 세계에서 유일무이한 정부기관으로서의 할랄인증기관을 만듦으로서 할랄산업의 허브를 장악하겠다는 의도로 볼 수 있다.[3]

/ 표 1 / 할랄 관련 말레이시아의 주요 표준규격

MS번호	제목
MS 1500:2009	할랄식품 - 생산, 처리, 취급, 저장에 관한 종합가이드라인(2차 개정)
MS 1900:2005	품질관리시스템: 이슬람 관점에서의 요건
MS 2200-1:2008	이슬람 소비재 - 제1부: 화장품과 개인 미·위생용품 - 종합가이드라인
MS 2200-2:2012	이슬람 소비재 - 제2부: 동물의 뼈, 가죽, 털 - 종합가이드라인
MS 2424:2012	할랄의약품 - 종합가이드라인
MS 2300-2009	가치기준 관리시스템 - 이슬람 관점에서의 요건
MS 2400-1:2010	Halalan-Toyyiban[4] Assurance Pipeline - 상품 및 하역체인 사업 관리시스템
MS 2400-2:2010	Halalan-Toyyiban Assurance Pipeline - 창고 저장 및 관련활동 관리시스템
MS 2400-3:2010	Halalan-Toyyiban Assurance Pipeline - 소매관리 시스템
MS 2393:2010	이슬람 원칙과 할랄 - 용어 정의와 해석

MOSTI: Ministry of Science, Technology and Innovation의 말레이시아 표준청 DSM: Department of Standards of Malaysia이 담당하였다. 2004년 7월 DSM은 Halal guideline을 공표한 바 있으며, 이에는 이슬람 규율에 따른 도살, 가공 및 기타 사항 등에 대한 절차를 기술하고 있다.

[3] 2013년 1월부터 말레이시아 수출제품의 경우 JAKIM 지정 인증기관들에 의한 할랄인증 로고를 제품에 부착할 것을 요구하고 있다.

[4] 말레이시아 정부는 할랄의 개념을 확장하여 무슬림에 허용되며 Permissible, 건강에 좋고 Wholesome, 안전하며 Safe, 양질 Quality이라는 의미를 지닌 Halalan Toyyiban 개념을 창출함으로써 무슬림뿐만 아니라 비무슬림 소비자의 할랄제품 소비를 장려해 좋은 성과를 거두었다.

특히나 JAKIM은 전 세계 300여 개에 달하는 기관들 가운데 73개의 기관에 JAKIM의 인정recognition이라는 수단을 동원하여 적어도 말레이시아에 수출하려는 기업은 JAKIM으로부터 직접 할랄인증을 받지 않더라도 소위 JAKIM이 인정하는 인증기관의 인증을 받도록 함으로써 국가적인 공신력을 바탕으로 글로벌 할랄 허브를 구축하고 있으며, 이러한 업무를 JAKIM 내의 Halal Hub Division에서 관장하도록 하고 있다.5

2015년 7월 31일 현재 JAKIM이 인정한Recognized 기관 리스트를 보면 우리나라의 KMF를 포함해 총 73개의 인증기관이 있다. 이 부분에서 "JAKIM이 인정했다"라는 것은 자국민이 해외 등지에서 JAKIM 할랄인증 받은 제품을 접하지 못할 때 리스트에 있는 기관의 인증마크가 붙은 제품은 섭취할 수 있다는 정도이지 그 이상도 그 이하도 아니다.

/ 그림 1 / JAKIM의 할랄로고

물론 JAKIM이 인정한 기관으로부터 인증마크를 달았다면, 적어도 말레이시아 수출에 대한 장벽이 없어진 것이라고 볼 수 있지만 한 가지 아쉬운 것은 말레이시아 현지에서는 TV에서 수시로 "JAKIM HALAL MARK를 확인하라!"는 공익성 광고를 하고 있고, 말레이시아 국민들은 자국인증 외에는 그렇게 큰 관심을 갖고 있지 않다는 사실은 다시 한 번 깊은 의미를 갖고 되새겨 보아야 한다.6

따라서 최근 할랄열풍에 편승하여 일부 언론보도에서 마치 KMF이든 다른 인증기관이든 JAKIM이 인정한 마크를 획득하면 모두 아무런 문제가

---

5 JAKIM은 매 6개월 마다 이러한 인증기관에 대한 실사를 통하여 인정을 유지 또는 취소하는 조치를 취하여 발표하고 있다. http://www.halal.gov.my 참조.

6 http://blog.naver.com/nanbigbang/80194176344

없이 말레이시아 사람들이 선택한다는 듯한 보도방식은 큰 문제가 있다고 볼 수 있다. 왜냐하면, 말레이시아 국민들이 JAKIM이 인정한 73개의 인증업체의 로고를 모두 기억하거나, 일일이 어느 기관의 인증인지를 확인할 수 없기 때문이다.

또한 JAKIM이 인정했다고 하더라도 매년 2차례씩 실사를 통해 인증을 취소해 버릴 수도 있다는 점도 큰 문제라고 볼 수 있다. 만약 엄청난 돈을 들여 이러한 JAKIM이 인정한 인증기관으로부터 인증을 받았을 경우, 인증기관 자체가 인정취소 De-listed 기관이 된다면 말레이시아로의 수출 길이 막혀버릴 수 있다는 점이다.

이러한 위험성을 안고 있는데도 불구하고 JAKIM으로부터 직접 또는 JAKIM이 인정한 인증기관으로부터 할랄인증을 받았다고 해서 마치 모든 이슬람권 국가로의 수출티켓을 거머쥐었다는 식의 설명이나 보도태도는 크게 문제가 있다는 것이다.

2015년 모 업체는 KMF로부터 인증을 받아 인도네시아에 라면을 수출하였으나, 인도네시아의 MUI로부터 인증을 받지 않았다는 이유로 KMF의 할랄인증마크 삭제 요구를 받았다. 이에 따라 해당 업체는 어쩔 수 없이 현지 교민에게만 유통을 하고 있는 실정이다.[7] 따라서 인도네시아로부터 직접 인증 또는 인도네시아가 인정하는 다른 40여 개 인증기관 중에서 또 새로운 인증을 받아야 하는 어처구니없는 일이 발생하게 되는 것이다.

이러한 일들이 발생하는 이유는 바로 이슬람국가들이 할랄인증기관에 대한 인정을 하나의 비즈니스 모델화함으로써 향후에는 서로 다른

---

[7] http://www.hani.co.kr/arti/economy/economy_general/686499.html

국가의 인증기관들이 다른 할랄인증을 인정하지 않는 소위 "할랄전쟁"의 상태를 촉발할 수 있는데, 현재 각국이 할랄인증기준을 통일화하고 교차인증제도를 시행하자는 여러 가지 주장을 함에도 불구하고, 서로 할랄인증에 대한 헤게모니hegemony를 먼저 장악하고 또한 세계표준으로서의 할랄허브를 구축하려는 노력을 개별적으로 진행하는 등 이해관계가 상충되기 때문에 세계적 통일화운동이 결코 쉽지는 않을 것으로 보인다.

/표 2/ 할랄산업개발공사로부터 듣는 말레이시아 할랄산업 Q&A

주요 질의 내용	HDC 측 답변
JAKIM의 할랄인증을 우리 기업이 받아야 하는 이유	- 할랄인증은 무슬림이 안심하고 제품을 구입할 수 있도록 하는 제도임. 이에 무슬림 소비자까지 시장을 확대할 수 있는 기회가 될 수 있음. 또한, 무슬림이 아닌 소비자에게도 인증을 받은 제품이 위생 및 안전 측면에서 신뢰할 수 있는 제품임을 알릴 수 있어 마케팅 측면에서도 유리함. - 식품관련 말레이시아 할랄인증 기준은 MS1500:2004인데 이는 Good Manufacturing Practice, Good Hygiene Practices, Hazard Analysis Critical Control Point (HACCP)를 포함하고 있어 기본적으로 식품의 안정성을 보장할 수 있음.
JAKIM의 인증취득을 위한 비용이 과다하지 않은가?	- 현재 아세안국가 소재 기업은 2,100링깃, 비아세안 국가 소재 기업은 2,100달러를 내야함. - 이에 더해 외국 사업장 실사를 시행하는 검사관의 항공료, 체류비 등을 인증 취득 추진 기업이 부담해야 함. - 인증 취득 비용 합리화를 검토해 보겠음.
JAKIM 할랄인증을 제3국 소비자들이 다른 할랄인증과 다르게 인식할 것인지?	- 여타 할랄인증은 비정부기관이나 종교단체에서 시행하지만 JAKIM(이슬람개발부)의 할랄인증은 말레이시아 정부에서 추진해 더 신뢰성이 있을 것임. - 제3국 소비자들이 JAKIM 할랄을 어떻게 인식하는지에 대한 객관적 조사결과는 없음.

말레이시아의 할랄산업 관련 통계(생산량, 소비량 등)	- 수출 통계 이외에는 집계된 통계는 없음.
JAKIM이 승인한 외국의 할랄인증기관의 인증 마크를 부착한 제품은 말레이시아 시장에 진출할 수 있는가?	- JAKIM이 승인한 외국 할랄인증기관의 인증 마크를 부착한 제품은 말레이시아에 진출할 수 있음.
외국기업이 JAKIM 할랄인증을 받으려면?	- 일반적으로 외국기업이 JAKIM 할랄인증을 받을 경우 말레이시아 현지기업을 대리인 혹은 에이전트로 지정해야 함.
할랄인증 위해 준비해야 하는 서류	- Registration of company / business in Malaysia - Halal certificate or product specification for critical ingredients - Copy of identity card and appointment letter of 2 Muslim workers, working permanently at the production area - Process flow chart and production procedures - Manufacturing license from local authority - Manufacturing license from Cosmetic and Drug Control Authority (for health products and cosmetic) - Packaging artwork - Plan layout of the factory - Factory location map - Other documents such as HACCP, ISO, GHP, GMP, TQM and etc. (if applicable)

출처: http://www.globalwindow.org/

제2절 말레이시아 할랄인증의 이모저모

앞서 언급한 바와 같이 현재 말레이시아 자체의 인증기관은 JAKIM으로 통일화되어 있고, 2015년 7월 말 현재 73개의 해외인증기관을 인정해 주고 있다.

현재 말레이시아 JAKIM으로부터 공식적으로 할랄인증기관으로 인정된 우리나라의 할랄인증기관은 한국이슬람교중앙회 KMF: Korea Muslim Federation 뿐이다.[8] KMF는 2013년 7월 1일 말레이시아 JAKIM으로부터 공식인정을 받아 말레이시아로의 수출 길을 열어가는 데 일조를 하고 있다.

그러나 한 가지 우려하는 것은 기존 KMF인증을 받은 제품들이 JAKIM처럼 철저하게 Haram으로 부터 안전할지의 문제다. 이제 JAKIM으로부터 인정받았으니 모든 KMF 인증제품에 대하여 유통되고 있는 제품을 무작위로 수거하여 돼지 DNA검사 등 면밀하게 검사를 하게 되는데 이러한 부분에서 KMF는 인증을 부여한 모든 제품에 대해 사후관리를 해야 할 필요가 있는 것이다.

작년에 할랄인증 위반과 관련해 최근 현지에서 가장 이목이 집중됐던 사건은 JAKIM으로부터 할랄인증을 받아 말레이시아에서 판매돼 온 캐드버리 Cadbury 초콜릿에서 돼지 DNA가 검출된 사건이다.

---

[8] 한국 내 일부 기관들이 자체적으로 할랄로고를 만들어 사용하고 있고, 일부 기관에서는 이러한 로고를 이용하여 마치 할랄제품인 것처럼 혼동을 초래하는 경우가 있다. 이러한 기관들로부터 할랄인증을 받았다고 하더라도 JAKIM으로부터 인증을 받지 않았기 때문에 이러한 인증은 한국시장용 인증에 그칠 수 있으며, JAKIM으로부터 인정받지 않았기 때문에 말레이시아 수출에 도움이 되지 못한다.

/ **그림 2** / 캐드버리 초콜릿 돼지 DNA 검출에 대한 항의시위

이 사건으로 말레이시아 내에서 엄청난 파문이 일어났는데, 말레이시아의 비정부기구NGO인 말레이시아 무슬림 도소매연합회MAWAR는 돼지 DNA가 검출된 캐드버리 초콜릿의 취급을 보이콧하는 등 격렬한 항의시위를 벌인 것이다. 이에 말레이시아 보건복지부는 다국적 식품기업 몬델리즈 인터내셔널의 자회사인 초콜릿 제조업체 캐드버리 말레이시아사의 초콜릿 샘플 중 일부 제품에서 돼지 DNA가 검출됐다고 밝혔으나 말레이시아의 할랄인증기관으로 할랄인증을 수여한 JAKIM의 화학부서에서는 돼지 DNA는 검출되지 않았다고 반박하는 상황으로 전개되면서 엄청난 파문을 몰고 왔던 것이다.[9]

보건복지부와 JAKIM의 이견이 표출되면서 JAKIM의 할랄인증에 대한 권위도 도전을 받게 됐고 소비자의 불안감을 해소할 대안이 필요한 상황 속에서 말레이시아에서는 할랄 과학수사대CSI: Crime Scene Investigation로서

---

[9] 결국 '캐드버리' 제조업체는 돼지 DNA에 양성 반응을 보인 두 가지 종류의 초콜릿에 대해 리콜조치를 내렸으나 파문은 쉽게 사그라지지 않고 있다.

테크노파크 말레이시아TPM: Techno Park Malaysia를 설립하기에 이르렀다. 현재 TPM은 할랄과학연구소를 보유하고 있으며 이곳에서는 DNA 테스트, 알코올 함유 테스트, 폴리펩티트 테스트, 트리글리세리드 테스트, 지방산 테스트를 진행하고 있는데, 할랄과학연구소에는 현재 8명의 전문가가 근무하고 있으며 2013년에만 600만 링깃(약 18억 원)을 투자하는 등 할랄인증과 관련된 말레이시아 정부의 노력의 일면을 엿볼 수 있는 기관이라고 볼 수 있다.[10]

제3절 말레이시아 JAKIM의 인증제도

(1) JAKIM의 역할

2012년부터 정부기관인 JAKIM이슬람개발부이 말레이시아 유일의 할랄인증기관으로 지정되었으며 JAKIM 내의 할랄 허브청HHD: Halal Hub Division에서 실제 인증업무를 담당하고 있다.

HHD에서는 신청절차 처리, 공장실사, 사후관리 등의 업무를 수행하고 있는데, 세계 최고 수준으로 인정받는 말레이시아 할랄인증인 MS1500:2009는 말레이시아 표준부Department of Standard에 의해 개발된 할랄제품의 생산, 취급, 보관기준에 대한 ISO인증이며, 우수제도관리GMP: Good Manufacturing Practise와 우수위생관리GHP: Good Hygienic Practices와 같은 국제기준을 따라 심사를 행하고 있다.

---

[10] 중국에서는 할랄파크 건설에, 한국에서는 할랄과학연구소 설립에 말레이시아에 협력을 요청했을 정도로 말레이시아 할랄연구의 위상이 올라가 있는 상황이다

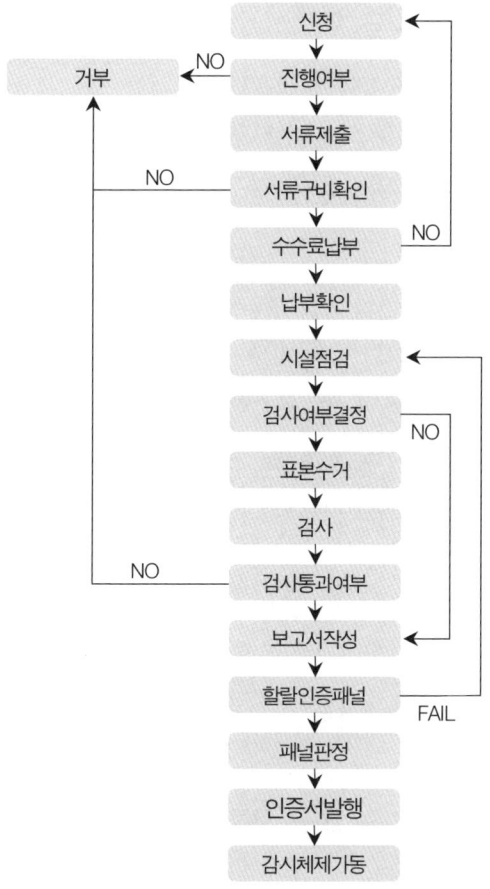

/ **그림 3** / 말레이시아 할랄인증의 플로우챠트

말레이시아 국내에 있어서는 식품, 의약품, 화장품, 식당, 호텔 등 거의 전 분야에 걸쳐 할랄인증을 실시하고 있지만, 해외인증은 식품, 화장품에만 한정하여 인증하고 있다.

JAKIM은 2015년 7월 현재 73개의 해외 인증기관에 대해 인정recognized 기관으로 지정하고 있으며, 6개월 마다 심사를 거쳐 인정을 유지 또는 철회하고 있다.

(2) JAKIM의 국내인증 절차

① 온라인등록(http://apps.halal.gov.my)
② 온라인 등록 이후 5일 이내 관련 서류 제출
③ 관련 서류가 이상이 없을 경우 1~5 영업일 이내에 요금청구서 발송.
  - 관련 서류 문제발생 시 5 영업일 이내에 정정 요청 발송
④ 청구서 접수 후 14일 이내에 납입
  - 요금 납입 후 1일 후 영수증 발급
⑤ 납입 후 30일 이내 공장 실사(audit) 시행
⑥ 인증 패널 회의(Certificate Panel Meeting) 개최
  - 회의를 통해 인증 통과 시 5 영업일 이내 인증서 발급
  - 회의에서 기각 시 별도 통보
⑦ 할랄인증서 발급
⑧ 할랄 감시감독체제가동 및 실행

(3) JAKIM의 할랄인증 요구 서류

① 회사소개
② 법인 등록 사본
③ 인증제품 소개
④ 사용된 원료
⑤ 재료공급업체 및 제조업체의 이름과 주소
⑥ 제품에 투입되는 각각의 생산 원료에 대한 할랄인증 사본
⑦ 포장 재질의 종류
⑧ 제품 제조 공정 및 절차

⑨ 타 인증서

　　예 HACCP, ISO, GHP, GMP, TQM

⑩ 현장 또는 공장의 위치 지도와 도면

(4) JAKIM의 자국내 기업 할랄인증 비용 및 기간

국내인증Local certification은 식품, 식음료 판매점이나 영업장, 도축장 등 거의 전 분야에 대하여 인증을 하고 있으며, 모두가 온라인으로 신청을 해야 한다.

할랄인증서 유효기간은 2년이며 인증서 발급 소요기간은 제품별 업체별로 차이가 있으나 신청자가 할랄증명의 모든 조건과 절차를 준수하여 빠르게 진행된다면 약 2개월이 소요된다.

/ 표 3 / JAKIM의 자국기업에 대한 할랄인증비용

구 분	기 준	비용(링깃)
소 기 업	- 연매출 50만 링깃 미만 - 상시고용인 50명 미만	200
중소기업	- 연매출 50만~250만 링깃 - 상시고용인 50~150명	800
다국적기업	- 2개 국가 이상의 지역에서 해외법인, 지사 보유 - 연매출 250만 링깃 이상 - 상시고용인 150명 이상	1,400

(5) JAKIM의 외국 기업 할랄인증 비용 및 기간

국제 인증International certification은 현재 식품, 화장품에 국한하여 발행하고 있으며, 온라인 할랄인증 절차 및 필요서류는 국내인증과 동일하게 진행되고 있다.

다만 수수료는 자국 내 기업보다 상당히 비싸게 책정되어 아세안ASEAN

국가의 경우 2,100RM이며 아세안 이외 국가일 경우 USD 2,100을 부과하고 있다.[11] 또한, 할랄인증 실사단 교통, 숙박비도 신청기업에서 부담하기 때문에 상당히 비싼 비용을 지불해야만 한다. 국제 할랄인증서의 유효기간도 국내 인증과 마찬가지로 2년이며, 제품별 업체별로 차이가 있으나 신청자가 할랄증명의 모든 조건과 절차를 준수하면 일반적으로 약 2개월이 소요된다고 말하지만 국내기업의 사례에 비추어 보면 거의 1년 또는 그 이상의 기간이 소요되는 경우도 많다.

제4절 말레이시아의 주요 분야별 인증기준

(1) 할랄식품분야

말레이시아의 식품분야의 할랄인증 가이드라인은 MS 1500:2009의 규정을 준수하고 있다. 동 규격의 목적은 '농장에서 식탁까지'를 고려한 것으로 특별히 할랄식품 제조과정에서 식품이 하람과 철저히 격리되도록 하고 있다.

최초 2005년 규격과 다른 점은 관리책임Management Reponsibility 부문에 있어서 '2인 이상의 무슬림의 고용'에서 기업체 내에 할랄 담당 직원 또는 무슬림이 포함된 할랄위원회를 구성하도록 했다. 또한, 돈사豚舍에서 5킬로미터 이상 격리될 것을 요구하던 것을 삭제하였다.

---

[11] 대략 링깃 환율이 ₩310/RM이므로 ASEAN국가는 60만 원선, 이외의 국가는 200만 원대의 인증비용을 지불하는데 보통 출장비 등을 포함해 천만 원을 넘어가는 것으로 나타났다. 따라서 인증받는 제품의 수에 따라서 상당한 비용이 수반되고, 생산공정의 인증과 같은 경우에는 매우 높은 별도의 기준이 적용된다.

(2) 할랄화장품

할랄화장품의 규격은 MS 2200 Part 1: 2008(이슬람 소비재 - 제1부: 화장품과 개인 미·위생용품 - 종합가이드라인)으로 할랄화장품이란 인체의 피부, 두발, 손톱, 입술, 생식기, 치아 또는 접촉하는 물질로 세정이나 방향(芳香)을 목적으로 하는 제품으로 정의하며, 다음과 같은 것을 포함해서는 안 된다.[12]

① 인간의 신체 일부에서 추출된 물질을 포함해서는 안 된다.
② 샤리아법에 의해 금지된 동물에서 추출된 물질을 포함하거나, 샤리아법에 의해 도축되지 않은 할랄 동물의 물질을 포함해서는 안 된다.
③ 샤리아법에서 나지스로 규정된 유전자조작(GMO: Genetically Modified Organisms)물질이 포함되어서는 안 된다.
④ 나지스인 제품을 처리하여 오염된 장비를 사용하여 준비, 처리, 제조된 상품은 안 된다.
⑤ 상기 ①~④에 명시된 조건에 충족되지 않은 어떤 물질이라도 준비, 처리, 제조과정에서 접촉해서는 안 된다.
⑥ 최종소비자에게 위해(危害)를 초래하여서는 안 된다.

화장품에는 알코올이나 돼지 등 나지스로부터 추출된 콜라겐이나 젤라틴을 포함해서는 안 되며, 포장에도 나지스인 물질이 포함되어서는 안 된다.

---

[12] MS 2200 Part 1: 2008에서 요약 발췌하였음.

(3) 할랄의약품

할랄의약품은 MS 2424:2012에 정의되어 있는데 실제 인증은 2013년부터 시작되었는데 말레이시아가 의약품분야에 할랄인증규격을 제시한 것은 세계적으로 최초로 도입한 것이라고 말할 수 있다. 따라서 말레이시아의 할랄인증을 받는다는 것은 이슬람 각국에 수출을 확대할 수 있는 가능성이 매우 높다고 할 수 있다.

식품이나 화장품과 마찬가지로 할랄의약품의 조건은 무엇보다 제조시설에서 나지스와 혼재되지 않도록 제조를 행하는 것이다. 의약품 생산을 위한 준비단계, 가공, 출하, 포장, 보관 및 유통단계에서 샤리야법에서 정한 나지스와 격리되어야 함을 물론이다.

(4) 할랄유통

할랄유통 또는 물류분야에 대한 규정은 MS2400:2010으로 JAKIM에서 제품의 수송 창고보관에 관한 인증은 2013년 7월에 최초로 개시하였다. 유통분야에 대한 인증은 중동의 여러 국가에서 이에 대한 인증을 요구하는 목소리가 커지자 이에 대응하는 차원에서 시작된 것이다.

이미 2013년 30여 개 이상의 다국적 물류기업들이 이미 MS기준에 부합하는 기업독자적인 할랄유통시스템을 도입한 것으로 알려져 있다.

할랄유통이란 '농장에서 식탁까지'란 개념을 기본적으로 기업의 밸류체인value chain을 실시하는 것으로 동 규격은 로지스틱스분야를 할랄로 보증하는 목적이 있으며 실제 할랄제품의 수송에 있어 할랄제품과 하람제품을 명확히 격리하는 데 목적이 있는 것이다.

MS 2400은 3개의 파트로 구성되어 1파트는 수송, 2파트는 창고보관, 3파트는 소매관리로 구성되어 다음과 같은 규정을 두고 있다.

- Part 1(수송분야)
    - 제품운송 시 화물 내에 할랄과 하람제품이 혼재되지 않을 것
    - 하나의 컨테이너에 할랄과 하람이 혼재되지 않을 것
    - 하나의 화물운반도구로 할랄과 하람제품을 운반하지 않을 것
    - 해외에서 도착하는 컨테이너는 할랄제품을 탑재하기 전에 샤리아법에 따라 세척작업을 실시할 것

- Part 2(창고보관분야)
    - 할랄제품은 할랄전용 창고에 보관할 것
    - 할랄제품이라도 건조품과 습식제품을 분리한 상태로 배치할 것
    - 적절한 온도관리를 할 것
    - 창고설치환경을 청결히 하고 적절한 위생관리를 할 것

- Part 3(소매관리)
    - 할랄제품만을 취급할 것
    - 할랄제품의 추적시스템을 보유할 것
    - 종교적으로 사용한 작업도구를 점포에 설치하지 말 것
    - 창고 내에 소량의 나지스가 포함된 경우에는 샤리아법에 따라 세정을 실시할 것

제5절 우리나라 기업의 말레이시아 인증 취득현황

현재 우리나라에서 할랄인증을 받은 전체적인 기업의 수를 파악하는 것은 쉽지가 않다. 그것은 직접 JAKIM으로부터 받은 기업도 있고, 또한 JAKIM의 인정기관인 73개의 인증기관으로부터 받은 기업들도 있기 때문에 전체적인 통계를 잡는 데 어려움이 있기 때문이다. 특히 국가적인 통계가 잡히는 것이 아니기 때문에 어느 국가가 어떤 기관으로부터 몇 개의 제품에 대해서 받았는가 하는 구체적인 통계자료도 없는 실정이다.

2015년 4월 12일 한겨레신문의 기사를 보면 국내 120여 개 식품업체가 430여 개 품목에 대해 할랄인증을 이미 획득했다고 보도하고 있으나, 이것은 어디까지나 식품에 대한 인증이고, 구체적으로 이들 기업들이 어느 인증기관으로부터 받았다는 사실은 알 수가 없다. [13]

이러한 보도가 사실이라면 문제의 심각성은 매우 커지게 된다. 왜냐하면 우리나라 120여 개의 할랄인증 식품업체 중 110개 업체가 그리고 430개 품목 중 300여 개가 KMF의 인증을 받았다면 업체 중에는 90% 이상, 품목 중에는 70% 이상이 KMF에 집중되어 있다는 것이다.

최악의 상황에서 KMF가 JAKIM의 인정기관에서 탈락하는Delisted 사태가 발생한다면 그 결과는 어떻게 될 것인가? KMF로부터 할랄제품인증을 받은 기업들은 특정업체의 실수 또는 잘못을 꼼짝없이 떠안는 꼴이 되고 마는 것이다.

물론 KMF가 JAKIM으로부터 엄격한 심사와 절차를 거쳐 인정을 받았기 때문에 할랄인증에 대해서 현재에는 문제가 없다고 하더라도 앞서 언급한 캐드버리 초콜릿의 돼지 DNA 검출사건과 유사한 사건이 발생한

---

[13] http://www.hani.co.kr/arti/economy/economy_general/686499.html

다면, 국가적 위기의 상태가 발생할 수 있다는 점도 간과해서는 안 된다.

최근에 박근혜 대통령의 중동순방을 계기로 할랄식품사업단이 결성되고, 할랄식품사업단과 KMF가 협력MOU를 체결함으로써 마치 할랄식품은 KMF가 모든 권한을 지닌 것 같은 착시현상이 나타나고 있다.

여러 가지 정책추진을 위해서, 정부에서도 KMF와 MOU를 맺었겠지만, 여기에 따르는 문제가 있을 수 있다. 그것은 말레이시아만이 우리의 수출상대국이 아니기 때문이다. 이러한 것은 앞서 언급한 것처럼 인도네시아에서는 자국의 인증기관인 MUI의 인증 또는 MUI가 인정하는 기관으로부터의 할랄인증을 요구하여 KMF 할랄로고의 삭제를 요청하는 마당에서 극명하게 드러나고 있는 것이다. 결국, KMF가 인도네시아 MUI의 인정기관이 되지 않으면 그 위험은 너무나 크다는 것을 지적하지 않을 수 없다.

극단적으로 인구 3천만에 불과한 말레이시아 시장을 위해 말레이시아 관련 인증을 받을 것인가? 아니면 2억 5천만에 달하는 인도네시아 시장을 위해 할랄인증을 받을 것인가? 아니면 말레이시아 JAKIM의 인정을 받은 KMF로부터 인정을 받을 것인가? 결국, 선택의 문제는 할랄인증을 받고자 하는 기업이 어떤 시장을 목표시장Target market으로 생각하고 있는지를 정확히 판단하고 스스로 해당 국가에 진출하기 위해 인정되는 할랄인증을 받고자 노력해야 할 것이다.

현재 정부나 여러 지자체에서 할랄인증을 원하는 기업에게 인증비용의 90% 또는 2천만 원 한도 내에서 지원을 해주는 파격적인 지원정책을 쏟아내고 있다. 물론 이슬람시장을 공략하기 위한 필요한 조치일 수는 있으나, 실질적으로 할랄인증이 수출에 얼마만큼 도움이 될지를 정확히 평가해서 차등 지원할 필요가 있다고 보여진다.

결국, 정부가 해야 할 일은 할랄에 대한 정확한 해석을 해야 한다는 것이다. 현재와 같이 할랄을 식품에 한정하는 우愚를 범해서는 안 된다. 할랄은 이슬람교도의 의식주와 생활의 윤리 철학 등을 총괄하는 문제임에도 불구하고 농림축산식품부의 산하기관인 한국식품연구원 소속으로 할랄식품사업단을 하나 만듦으로써 할랄에 대한 대책을 세웠다고 보아서는 안 된다.

박근혜 대통령의 중동방문에서 UAE와 '한-UAE 할랄 식품 협력을 위한 업무협약MOU'를 맺었다고 한다면, 현재의 농림축산식품부의 횡보는 나름대로 의미가 있다고 볼 수 있다. 왜냐하면, 후술하겠지만 UAE는 GCC를 통해 중동지역의 할랄 허브를 꿈꾸고 있기 때문이다.

앞으로 정부가 해야 할 일은 할랄을 식품으로 한정하는 현재의 관점을 과감하게 바꾸고 할랄산업으로 재해석해야 한다는 것이다. 할랄식품은 전체 할랄시장의 40%를 차지하는 중요한 시장임에는 틀림이 없다. 그러나 식품 이외에도 의약품, 화장품, 의류, 유통, 관광 등등 셀 수 없는 분야로 범위가 넓기 때문이다.

필자가 2015년 4월 1일부터 4일까지 말레이시아의 쿠알라룸푸르에서 개최된 할랄 최대 박람회인 MIHAS Malaysia International Halal Showcase에 박람회와 학술컨퍼런스에 참여하고 느낀 것은 우리가 너무나 할랄에 대하여 좁게 해석하고 있다는 것이었다.

말레이시아의 MASKARGO라는 회사는 할랄유통을 전문으로 하는 회사로서 자체적으로 6대의 항공기를 보유하고 할랄제품 전문 물류를 하고 있으며14, 오토바이 자동차 심지어는 여기에 쓰이는 엔진오일이나 윤활유 그리고 냉장고, 시멘트, 화장실 변기 등 모든 제품에 할랄

---

14 세계 최대 선사인 Maersk사를 모방한 이름으로 보인다. www.maskargo.com

마크를 붙이고 판매되고 있다는 것이다. 엄청난 인식의 차를 보여주는 일면이다.

한 가지 예를 들어보자. 할랄 화장품만 해도 그렇다. 화장품에는 수많은 화학성분이 함유되고, 또한 자체적으로 생산하지 못하는 수많은 원료를 혼합하여 제조하게 된다. 이 경우 어느 한 성분 또는 어느 한 원료라도 하람Haram이라면 그 제품 자체가 하람이 되고 만다는 것이다. 따라서 화장품 자체만 중요한 것이 아니라, 화장품 생산에 필요한 원료 생산설비 그리고 판매유통경로 모든 것을 할랄의 상태로 유지해야만 하는 것이다. 이것은 중소기업들이 개별적으로 해결하기는 결코 쉬운 문제는 아니다.

할랄에 대한 정부정책의 위험성을 살펴보도록 하자.

우리나라에서는 국가식품 클러스터를 익산에 설치하고 그곳에 할랄식품전용단지를 설립하려는 계획을 추진 중에 있다.

물론 클러스터라고 하는 것은 규모의 경제를 바탕으로 집약화된 집적이익을 추구하기 위해서 바람직하다고 볼 수도 있다. 그러나 뒤집어 생각해 본다면, 대단히 큰 리스크를 초래할 수도 있다.

아직 우리나라에는 제대로 된 할랄전문교육기관이나 전문가 양성기관이 없는 마당에, 식품클러스터 내에서 할랄제품과 하람제품을 구별하지 못하는 단순 노역자나 인부들이 제품을 혼재할 경우에 발생하는 교차오염 문제 등을 어떻게 처리할 수 있는지, 중소기업이 동일한 생산라인에서 할랄제품과 하람제품을 동시에 생산할 경우에 발생하는 문제는 없는지, 전국에 산재해 있는 할랄제품 생산자들이 막대한 유통 및 물류비용을 감내하면서 익산으로 모여들 것인지도 생각해 보아야 한다.

할랄전용 도계장屠畜場 및 도축장屠畜場의 추진도 문제가 될 수 있다.

우리나라에 거주하는 무슬림은 15만 명으로 추산되고 있다. 그리고 이러한 무슬림은 전국에 퍼져 거주하고 있는데 매일매일 무슬림 축제가 열리는 것도 아니고 과연 전국에 몇 개의 도계장과 도축장을 지정하여 만들 것인가? 유통 및 물류비용 저장시설 전용운송수단 등이 완비되지 않은 상태에서 도계장과 도축장만 만들면 할랄제품이 되는 것은 아님을 충분히 고려하고 있는지도 다시 한 번 생각해 볼 일이다.

또한 닭이나 소고기를 쉽게 수출할 수 있는 것도 아니다. AI바이러스 구제역 등도 문제이지만 검역상의 문제도 무시할 수 없어 수출이 용이하지 않은 품목일 뿐 아니라 모든 나라에 닭을 생산하지 않는 나라가 없고, 미국, 호주, 뉴질랜드, 브라질 등의 소고기에 비하여 한우 소고기의 수출 경쟁력이 있겠는가를 따져봐야 한다. 외국수출에 있어서 할랄인증 이외에도 여러 가지 비관세장벽NTBs: Non-Tariff Barriers 있음을 간과해서는 안 된다.

할랄 전용 도축장 도계장 지정과 관련하여 무슬림 도축인 등의 비자 발급 절차를 완화하는 내용으로 출입국관리법에 따라 법무부와 농축산부 간 협업을 통해 해결방안을 마련하겠다는 것도 문제가 있다.

현재 15만 명의 국내 무슬림이 있고, 높은 실업률에 시달리고 있는 형편에 도축을 위한 무슬림의 입국을 허용하는 것보다 한국인 무슬림 또는 국내체류 무슬림을 도축인으로 양성함으로써 실업문제를 동시에 해결할 수 있다는 생각이다.

정부가 할랄산업을 주도적으로 이끌어 나가려면 일단 한국인 무슬림을 고려하여 할랄전문 직종으로 교육을 하고, 한국인 전문 인재도 양성을 해야 교육된 인재들이 국내에 머물며 전문성이 축적될 수 있다고 보여진다. 입국이 허가된 무슬림은 언제든지 떠날 수 있는 것이고 언제까지나 외국인 무슬림에게만 의지할 수 없는 것이기 때문이다.

따라서 눈앞에 바로 시급한 불을 끄기 위한 임기응변의 대응보다는 할랄산업에 대한 큰 그림을 그리면서 전문인력의 양성도 또한 할랄산업에 대한 지원방향도 설정해 나갈 필요가 있다.

제9장 인도네시아의 MUI

제1절 인도네시아의 시장현황과 할랄인증

인도네시아는 인구 2억 4천 7백 만 명으로 세계 4위의 대국으로 국토는 190만㎢로 한반도의 약 9배의 광활한 면적을 차지하고 있다. 국민의 87%가 이슬람교를 믿고 기독교도가 10%에 불과하지만, 이슬람을 국교로 삼고 있지는 않다.

/ 표 1 / 인도네시아의 일반개황

구분	내용
수도	자카르타(인구 1,200만 명)
인구	2억 4천 7백 만 명(세계 4위)
면적	190만㎢(한반도의 약 9배)
민족구성	자바족(45%), 순다족(13.6%) 등 300여 종족
종교	이슬람교(87%), 기독교(10%), 가톨릭, 힌두교, 불교
기후	고온다습 몬순기후

정부의 형태는 대통령 중심제로 현 조코 위도도 Joko Widodo 대통령이 2014년 10월 20일에 취임하였으며, 의회구성은 국회DPR와 지역대표협의회DPD의 이원조직으로 양원제와 유사한 정치제제를 형성하고 있다.

2014년 현재 경제현황을 살펴보면1, 다음과 같다.

- GDP: 약 8,886억 불
- 1인당 GDP: 3,534불
- 경제성장률: 5.0%
- 물가상승률: 8.4%
- 무역액: 3,545억 불(수출: 1,763억 불, 수입: 1,782억 불)
- 주요산업: 농업(팜오일, 고무 등), 임업, 섬유·봉제업, 전자산업, 관광업

말레이시아가 2012년 국가기관인 JAKIM으로 하여금 할랄인증을 통일화하고 할랄허브로써 입지를 강화해나가자 인도네시아 입장에서는 이를 잠재울 극단적 조치를 취할 필요가 있다고 판단하고, 2014년 할랄제품보장법을 제정하였는데, 이 법에 의하면 2019년까지 모든 제품은 할랄 또는 비할랄Non-Halal 표시를 의무화해야 하며, 비할랄제품은 수입을 금지하는 극단의 조치를 취하고 있다. 물론 축산물의 경우에는 자국 내에서조차 축산법 2009년 18호에 의거하여 할랄인증을 의무화한 바 있다.

---

1 외교부 자료, 인도네시아 약황(2015년 7월 현재) 참조

제2절 인도네시아의 할랄인증제도

현재 인도네시아는 새로운 할랄제품보장법의 제정으로 인하여 과도기적인 상태에 있는데 인도네시아 율법학자 위원회인 무이MUI, Majelis Ulama Indonesia의 부속기관인 LPPOM MUI가 민간인증기관으로 역할을 담당하였으나, 2014년 9월 할랄제품보장법Undang-ndang Jaminam Produk Halal이 의회 통과함으로써 향후 3년 내에 정부기관인 BPJPH Badan Penyelenggara Jamina Produk Halal을 설립하고 2019년부터는 해당 부처로 인증업무가 이관될 예정이다.

/ 그림 1 / MUI의 할랄로고

/ 표 2 / 할랄제품보장법 채택으로 인한 인증기관의 변화

구분	변경전	변경후
인증기관	민간기관 LPPOM MUI	정부기관 BPJPH
획득의무	획득 권고사항임	획득 의무사항임
인증기간	현행 2년	향후 4년
라벨부착	할랄제품은 할랄라벨을 부착	비할랄제품에는 반드시 Non-Halal 라벨 부착

법률이 적용되는 제품은 식음료, 의약품, 화장품, 화학제품, 생물학 제품, 유전자 변형 제품, 그리고 주민들에게 영향을 끼치거나 이용되어지는 물건들이다. 이러한 제품들은 이슬람 샤리아 율법에 맞는 절차들을 거쳐야 하는데 이를 할랄제품절차PPH: Proses Produk Halal라 한다. 할랄제품절차PPH는 원재료, 가공, 보관, 포장, 유통, 판매 및 소비자에게 제공되는

방식까지 할랄임을 보장하게 된다.

기존의 인증기관인 무이MUI는 파트와에 대한 의견만을 제시하도록 하며, 신청기업이나 제품이 이슬람법에 저촉되는지를 판단하도록 하였다.

향후 현행 2년인 인증기간이 4년으로 확대될 예정이며, 특히 비할랄 제품에는 반드시 "Non-Halal"이란 라벨을 부착하도록 하였으며, 특히 인도네시아 수입제품의 경우에는 반드시 인도네시아의 인증기관 또는 인도네시아가 인정한 할랄인증기관의 라벨을 부착하도록 의무화하였다.[2]

한편 동법 56조에는 사업자가 할랄인증 획득 이후 제품의 할랄을 유지하지 못하면 최대 징역 5년 또는 최대 벌금 20억 루피아의 처벌을 받도록 하는 등의 처벌조항도 두었다.

이와 같이 국교가 이슬람교가 아님에도 강력한 법률을 제정하고 시행하는 것은 인근 국가인 말레이시아가 할랄에 대한 국제표준을 장악하는 것을 염두에 두고 이를 견제하기 위한 전략으로 보인다.

제3절 인도네시아의 할랄 관련 표준규격

인도네시아의 할랄 관련 표준규격은 할랄보장제도HAS: Halal Assurance System 라는 규정을 적용하고 있으며, 업종별 분야별로 참고할 수 있도록 하고 있다.

---

[2] 할랄제품보장법 제4조에 인도네시아로 들어오고 유통되어 거래되는 모든 제품은 할랄인증이 필수라고 명기하고 있다.

/ 표 3 / 할랄 관련 인도네시아의 주요 표준규격

HAS번호	제목
HAS 23000	할랄인증요건
HAS 23000-1	인증요건- 할랄보증제도
HAS 23000-2	할랄인증정책 및 처리절차
HAS 23102	레스토랑 할랄보증시스템
HAS 23103	도살, 도축산업의 운영 보증시스템
HAS 23104	케이터링 할랄보증시스템
HAS 23201	할랄식품원료요건
HAS 23301	할랄 안전운영시스템 메뉴얼

제4절 인도네시아의 할랄인증절차

인도네시아 할랄인증절차의 특징은 할랄인증을 신청하는 사업자가 먼저 할랄보장제도에 따른 자체 메뉴얼을 갖추어야 한다는 것이다.

/ 표 4 / 인도네시아의 할랄인증절차

```
사업자는 할랄인증 신청서를 작성해 BPJPH에 제출
            ⇩
BPJPH는 LPH(할랄감사기관)에 제품에 대한 검사 요청
            ⇩
할랄감사관은 검사와 그 결과보고서를 LPH에 제출
            ⇩
LPH는 결과보고서를 다시 BPJPH로 전달
            ⇩
BPJPH는 MUI에 인증발행 최종여부 확인 후 발행
```

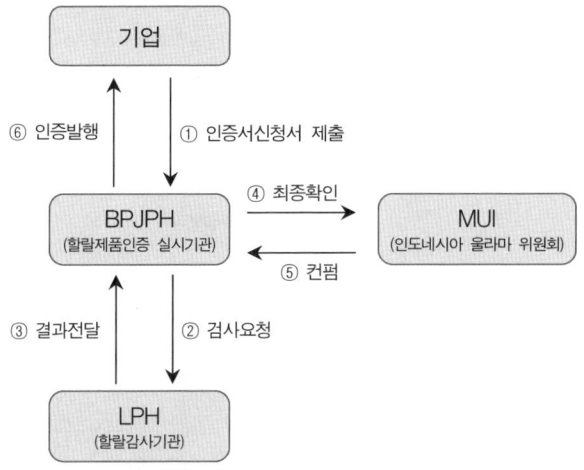

인도네시아에서 할랄인증을 받기 위해서 사업자는 다음과 같은 구비서류를 갖추어야 한다.

- 할랄보증시스템 자체 매뉴얼
- 할랄인증 신청제품의 생산절차 플로우 차트
- Pork-free 시설 증빙 서류
- 제조공장을 제외한 생산시설 주소 목록
    예 창고, 사전생산 준비시설 등
- 제조공장 정보
- 제품 및 원료 정보
- 원재료 공급업체 정보

/ 표 5 / 인증 신청시 자체 매뉴얼에 포함될 내용들

1) 기업 소개	9) 관리체제
2) 할랄 실행목적	10) 문서화체제
3) 할랄 실행범위	11) 공유 프로그램
4) 할랄정책	12) 훈련 프로그램
5) 할랄지침	13) 내외부 소통체제
6) 할랄경영조직	14) 내부 심사체제
7) 표준운영절차	15) 시정조치 체제
8) 기술적 참조사항	16) 경영재검토 체제

출처: General Guidelines of Halal Assurance System LPPOM MUI에서 요약 발췌함.

인도네시아의 할랄인증 비용은 일반적으로 품목별로 1~5백만 루피아(약 10~50만 원) 정도로서 정상적인 절차를 밟는다면 2개월이 소요되지만 실제 6개월에서 1년 정도의 기간이 소요된다. 현재 대전의 모 컨설팅 업체와의 인터뷰에 따르면, 3제품 인증을 기준으로 할랄신청비 및 컨설팅비를 포함하여 2천만 원 정도가 소요되는 것으로 조사되었다.

제5절 인도네시아의 해외 할랄인증기관

현재 우리나라 유일의 할랄인증기관인 한국이슬람교중앙회KMF에서 발행하는 할랄인증은 인도네시아에서 인정되지 않고 있으나 지속적으로 인정절차를 추진 중에 있으며, 2014년 현재 인도네시아 MUI는 해외 23개국 39개 인증기관에서 발행하는 할랄인증을 인정하고 있다.

해외인증을 받은 경우라도, 인증기관이 속하지 않은 해외에서 생산된 제품은 인정하지 않고 당해국에서 생산된 것만을 인정하고 있다.

인도네시아가 인정하는 외국인증기관이 되기 위해서는 다음과 같은

요건과 절차가 필요하다.

- WHFC(세계할랄식품위원회)[3]의 정회원이 되어야 한다.
- ISLAM SOCIETY가 형성되어 있어야 한다.
- 독립된 사무실을 가지고 있어야 한다.
- SOP(standard operating procedure) 규정을 갖추어야 한다.
- 샤리아 전문가가 있어야 한다.
- 할랄인증을 위한 전문 감사가 있어야 한다.
- 사기업이 아닌 해당국 무슬림들의 지지를 받는 공식기관이어야 한다.

말레이시아의 해외 기관 인정이 주로 할랄인증기관 또는 국가기관에 대해 이루어지고 있는 데 반하여, 인도네시아에서는 도축분야slaughtering, 식가공분야food procesing 및 향신료분야flavour로 나누어져 있고, 2014년 현재 각각 31개, 32개 및 14개의 할랄인증기관을 인정하고 있다.

현재 말레이시아의 JAKIM이나 싱가포르의 MUIS에 대해서는 모두 인정을 해주고 있는 상태이지만, 우리나라의 KMF에 대해서는 인정하지 않고 있는 상태이고 세계적으로 3분야 모두를 인정을 받고 있는 기관은 9기관에 지나지 않고 있다.

/ 표 6 / 인도네시아의 할랄인증기관(2014.2)

국가명	도축부문	식가공부문	향신료부문
싱가포르	MUIS	MUIS	MUIS
말레이시아	JAKIM	JAKIM	JAKIM
필리핀	OMA		
태국	CICOT	CICOT	

---

[3] World Halal Food Council의 약어이다.

국가			
부르나이	LAMA		
타이완	THIDA	THIDA	
인도	JUM		
일본	ICCKyu		
		JMA	JMA
호주	ICCV	ICCV	ICCV
	SICHMA	SICHMA	
	GHTC	GHTD	
	AFIC	AFIC	
	WAHA	WAHA	
	HCC	HCC	HCC
뉴질랜드	AKHFA		
	FIANZ		
		APHS	
벨기에	HFCE	HFCE	HFCE
프랑스	GMP	GMP	
스위스	HCS	HCS	
폴란드	MRU	MRU	
네덜란드	HQC	HQC	HQC
	TQHCC	TQHCC	TQHCC
		HFFIA	HFFIA
스페인	IHDJI	IHDJI	
이탈리아	HIA	HIA	
터키		EHSC	
독일		HCe.k.	HCe.k.
영국		MFBu.k	
미국	IICA	IICA	IICA
	ISA	ISA	ISA
	AHF	AHF	
	HFC	HFC	
		IFANCA	IFANCA
	HTO		
캐나다		IFANCA	IFANCA
브라질	FAMBRAS	FAMBRAS	
	CDIAL	CDIAL	

출처: http://www.halalmui.org에서 요약 발췌함.

제10장 싱가포르의 MUIS

싱가포르의 무이스MUIS: Majlis Ugama Islam Singapura는 1978년도에 설립되어, 할랄인증, 기부 및 자선활동, 모스크 개발과 관리, 이슬람교육, 파트와 공포, 저소득 무슬림에 대한 재정지원을 행하고 있는 준정부기관으로 싱가포르 이슬람 종교위원회라고 불린다.

싱가포르는 서울 면적과 비슷한 도시국가로서 560만 명의 인구 중 75% 이상이 중국계로서 이슬람교도는 15%에 불과한 국가이지만 무이스의 인증은 동남아시아 이슬람공동체움마를 구성하기 위한 MABIMS 협약국가로서 브루나이, 말레이시아, 인도네시아에서 인정을 받고 있으며, GCC-Singapore 자유무역협정에 의해 쿠웨이트, 바레인, 사우디아라비아, UAE, 오만 등에서도 인정을 받고 있어 매우 중요한 할랄인증으로 볼 수 있다.

특히 싱가포르는 호주와 할랄인증에 대하여 상호협정이 체결되어 있기 때문에 싱가포르나 호주에서 할랄인증을 받을 경우, 양국에서 공히 인정을 받고 있다. 지난 2014년 코소아Korsoa라는 회사는 물 없이 감는 샴푸the Sampoo 350의 인증을 위해 무이스를 접촉하였으나, 해당기관에서는 화장품에 대한 인증을 할 수 없다 하여 협정체결국가인 호주의 GHTC를 소개받고 이를 통해 세계 최초로 샴푸에 대한 할랄인증을 취득한 바

있다.1

무이스는 HalMQ싱가포르 무이스 할랄품질관리제도: the Singapore Muis Halal Quality Management System를 통해 현재 다음과 같은 7가지 영역Scheme에서 할랄인증을 시행하고 있다.

- Eating Establishment Scheme(레스토랑, 푸드코트 등의 식당)
- Endorsement Scheme(외국산 수입수출품)
- Food Preparation Area Scheme(음식 조리 공간)
- Poultry Abattoir Scheme(도계장)
- Product Scheme(싱가포르 내의 생산 가공품)
- Storage Facility Scheme(창고 및 보관시설)
- Whole Plant Scheme(제조시설)

싱가포르에서는 할랄 표준 규격으로 SMHSSingapore Muis Halal Standard를 적용하고 있는데, MUIS-HC-S001은 할랄식품의 취급과 가공에 대한 일반지침을, MUIS-HC-S002는 할랄관리제도의 개발과 실행에 대한 일반지침을 제공하고 있다.2

무이스 산하기관으로서 와레스 할랄 유한공사Warees Halal Limited, 이하 Warees로 약칭함가 2006년도부터 출범하여 무이스의 할랄인증사업을 지원하고 있다.

우리나라에서는 싱가포르의 홈페이지3를 통해서 또는 한국지사4를

---

1 해당 웹사이트는 http://www.theshampoo.co.kr이며, 필자와의 인터뷰를 정리한 것이다.
2 참조: http://www.halal.sg/Industry/Halal-Standard.html
3 https://www.halal.sg/ehalalv2/login.aspx

통해서 무이스의 할랄인증을 취득할 수 있다.

할랄인증의 소요기간은 신청업체의 사전 준비정도나 할랄인증기준에 부합정도에 따라 다르겠지만 2~3개월이 소요되며, 일반접수 시에는 110 싱가포르 달러가 급행접수 시에는 210 싱가포르 달러가 소요된다.

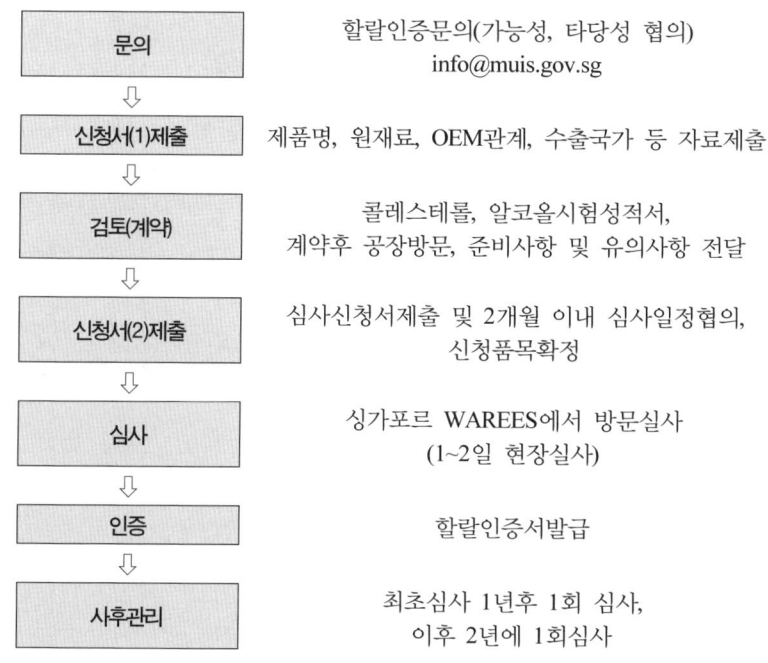

/ 그림 1 / 싱가포르 WAREES의 할랄인증절차

출처: http://icckorea.net/

한편 싱가포르는 이슬람교와 크게 관계가 없지만, 무슬림관광객의 선호 여행지로 각광을 받고 있는데, 'Global Muslim Travel Index 2015'[5]에서

---

[4] http://www.icckorea.net/

[5] Global Muslim Travel Index는 마스터카드와 CrescentRating사에서 공동 개발한 지수로 할랄 음식, 기도방 등에 대한 접근 용이성 등을 바탕으로 무슬림이 여행하기에

싱가포르는 65.1점으로 비이슬람 국가 중 1위를 기록하며 유일하게 상위 10개국 순위에 선정되기도 하였다.

/ 표 2 / 국가별 무슬림관광객 여행

순위	국명	점수
1	말레이시아	83.8
2	터키	73.8
2	아랍에미리트	72.1
4	사우디아라비아	71.3
5	카타르	68.2
6	인도네시아	67.5
7	오만	66.7
8	요르단	66.4
9	싱가포르	65.1
10	모로코	64.4

출처: CrescentRating, http://www.globalwindow.org에서 재인용

얼마나 편리한지를 수치화해 나타내고 있다.

제11장 태국의 CICOT

제1절 태국의 할랄인증제도 개괄

태국의 할랄 관련 업무는 이슬람조직관리법 제18조 9항 및 제26조 13항에 의거 중앙이슬람위원회The Central Islamic Committee of Thailand가 수행하며, 할랄업무 운영체계는 크게 할랄인증절차 등을 규정한 「할랄업무운영규정Regulation oregarding Halal Affairs Operation」과 할랄식품의 표준에 관한 지침을 규정한 「국가할랄표준National Halal Standard」의해 뒷받침되고 있다. 현행 할랄업무운영규정은 2008년도 규정을 폐지하고 2009년에 새로 제정했으며, 국가할랄표준도 종전 농산물과 국가식품표준의 할랄식품표준을 대체하여 2009년에 새로 제정하였다.

태국에서는 이슬람중앙회의 감독 아래 1982년 처음으로 할랄인증을 발급하기 시작하여 1997년 200개 회사에 불과하던 할랄인증업체가 10년만인 2006년에는 1,700개 회사와 5만 개 이상의 제품에 할랄인증이 시행되고 지속적으로 증가하고 있다.[1]

---

1 한국농수산식품유통공사 방콕사무소 「태국 할랄 식품 현황」, 2015.5

태국에서 할랄업무를 관장하는 조직은 중앙이슬람위원회와 지방이슬람위원회를 포함하여 태국할랄표준연구소The Halal Standard Institute of Thailand와 국립 쭐라롱껀대학 할랄과학센터The Halal Science Center Chulalongkorn University가 있다. 중앙이슬람위원회의 할랄인증과 관련된 실무는 할랄업무부Department of Halal Affairs가 담당한다.

/ **그림 1** / CICOT 할랄로고 샘플

제2절 태국의 할랄인증절차

태국의 할랄인증 신청절차는 다음과 같이 요약할 수 있다.

① 할랄로고 사용을 희망하는 사업자는 지방이슬람위원회 또는 중앙이슬람위원회에 신청서를 제출한다.
② 지방 또는 중앙이슬람위원회의 담당자는 신청서를 접수하고 제출서류를 조사한다.
③ 과거 할랄인증을 받은 바 없는 신규 할랄인증 신청자는 태국할랄표준연구소가 주관하는 할랄연수에 참가해야 한다.
④ 할랄연수를 마친 후에야 비로소 신청서류에 대한 심사가 이루어진다.
⑤ 신청서류가 승인되면 이슬람학자, 식품학자, 산업제조전문가로 이루어진 심사위원회를 구성한다. 만일 인증신청 대상 제품의 할랄

여부에 대해 확신할 수 없는 경우 이슬람학자협의회Ulama의 결정안 건으로 상정한다.
⑥ 심사팀이 현장심사를 실시하고 심사보고서와 평가보고서를 작성한다.
⑦ 의심이 가는 제품이나 원재료가 있는 경우, 심사팀은 샘플을 수거하여 태국할랄표준연구소로 보내며, 이는 다시 쭐라롱껀대학교의 할랄과학센터로 보내 실험실분석을 실시한다. 분석결과는 태국할랄표준연구소로 보내며, 담당자는 심사결과와 분석결과를 모아 할랄업무위원회의 승인을 위해 제출한다.
⑧ 할랄업무위원회로부터 승인이 나면 지방 또는 중앙이슬람위원회에 할랄식품 제조인가를 신청한다. 지방 또는 중앙이슬람위원회는 할랄식품제조 인가서 교부여부를 결정한다.
⑨ 할랄식품제조 인가서가 교부되면, 할랄로고 사용인가를 위해 중앙이슬람위원회에 할랄식품제조 인가서와 관련 서류를 제출한다.
⑩ 할랄로고 사용인증서는 태국 중앙이슬람위원회의 장의 자격으로 태국 무슬림 최고지도자가 서명한다.

/ 표 1 / 태국인증을 취득한 일본의 주요기업과 상품

기업명	상품	내용
有村屋 (아리무라)	튀김	·2013년 인도네시아 산 어묵을 가공해 튀김 생산 ·할랄인증, HACCP 인증 획득
トリドール (토리도루)	우동	·2013년 「丸龜製麺」 자카르타 1호점 개점 ·2017년까지 인도네시아 내 40개 점포 개점 목표
レインズインタ (레인즈인타)	불고기	·「牛角」 명칭으로 미국, 대만, 캐나다, 홍콩, 태국, 필리핀 등 총 41개 점포 개설 ·2007년 싱가포르, 인도네시아, 말레이시아 할랄인증 획득

カプリチョ (카푸리초)	이탈리안 음식점	·2012년 할랄인증 획득, 1일 매출액 약 2만~30만엔
ゼンショー (젠쇼)	음식업	·말레이시아에서 규동 할랄 레스토랑 운영
キューピー (큐피)	조미료	·말레이시아 할랄인증 획득 ·2010년부터 현지에서 할랄 마요네즈 생산
江崎グリコ (에사키글리코)	과자류	·1970년 태국 진출, 포키 및 프리츠 등 과자류 생산 ·인도네시아, 말레이시아에 본격 진출위해 상호인증하는 태국 할랄인증 획득
イオングループ (이온그룹)	소매업	·말레이시아에서 PB 제품 개발 및 판매
味の素 (아지노모토)	식품 조미료	·인도네시아 할랄인증 획득한 조미료 'Masako' 제조 ·인도네시아 할랄 식품 공급기지로 자리 매김, 중동 및 북아프리카에 수출확대 계획
ヤクルト (야쿠르트)	유산균 음료	·1998년 인도네시아, 2004년 말레이시아 할랄인증 취득
ANA	항공	·2014년 하반기, 중동 국제선에서 할랄 기내식 제공 예정

출처: 300조 엔의 거대시장 '할랄 비즈니스'에 도전하는 일본 기업

제12장 우리나라의 KMF

제1절 우리나라 이슬람의 역사

우리나라 이슬람교가 전파된 것은 AD 9세기 통일신라시대부터 이지만 실제적인 교역이 이루어진 것은 AD 11세기 고려 현종 때부터인 것으로 알려져 있다.

이후 1950년 6.25전쟁에 터키군이 참전하여 '앙카라 학교'를 세우면서 본격적으로 신도들이 생겨나기 시작하였다. 1970년대는 석유파동에

/ 그림 1 / 서울중앙성원

이은 중동붐으로 파견된 근로자들이 현지인과 결혼하여 입국하거나 이슬람 종교를 믿게 되면서 그 수가 점차 늘었으며, 1976년 서울중앙성원이 건립됨으로 성장기를 맞게 되었다.

현재 한국이슬람교중앙회KMF: Korea Muslim Federation 산하에는 전국 15개의 성원과 80여 개의 예배소가 있으며 한국 무슬림 3만 5천 여 명, 외국인 무슬림 10여 만 명이 거주하고 있다.

제2절 KMF의 할랄인증

우리나라에서 할랄인증을 하고 있는 KMF는 1994년부터 할랄인증업무를 개시하여 2015년 5월 말 현재 134개의 업체에 450개 품목에 대해 할랄인증을 부여했다.

현재 KMF에서는 식품과 식당, 제품(정수기, 밥솥 등), 제품원료 등에 대한 할랄인증을 해주고 있는데 대부분의 할랄인증 품목은 김치류, 소스류, 라면, 유제품 등으로 완제품에 대한 인증 신청보다 주로 소재에 대한 인증이 대부분이다.

/ 그림 2 / KMF의 할랄로고

2014년 말 대비 2015년 5월 말을 비교해 보면 인증업체 수는 단 1개소가 증가하였지만, 인증품목만은 46개가 증가하였는데, 이는 기존의 인증업체가 품목을 확대하였다는 의미로 기존의 할랄인증업체는 할랄인증의 효과가 있기 때문에 추가적으로 할랄인증을 신청했을 것으로 추정해 볼 수 있다.

/ 표 1 / KMF의 할랄인증 건수

년도	업체수	품목수	비고
2014(A)	133	404	·주요 품목: 김치류, 소스류, 라면 유제품
2015.5(B)	134	450	·완제품보다 소재(원료위주) 위주
대비(B/A)	100.8%	111.4%	·인증유효기간: 1년

한국관광공사에서 발간한 무슬림 우호적 식당 Muslim Friendly Restaurant에서는 한식당 36개를 포함하여 전국적으로 118개의 식당을 제시하고 있는데, KMF에서 할랄식당으로 인정한 곳은 6곳에 불과한 실정이다.

/ 표 2 / KMF인증 할랄식당

식당명	위치	메뉴
Salam Turkish Retaurant	서울 이태원	터키음식
Kervan Turkish Retaurant	서울 이태원	터키음식
Mr. KEBAB	서울 이태원	터키음식
Dongmun Restaurant	춘천 남이섬	아시아음식
EID Korean Restaurant	서울 이태원	한식
Makan Restaurant	서울 이태원	아시아음식

제3절 KMF의 할랄인증방법

(1) 할랄인증 신청시 제출서류

할랄인증 시에는 다음과 같은 서류를 제출하여야 한다.

① 할랄인증 신청서: 회사명, 주소, 품목(영어 표시)
② 사업자등록증

③ 공장등록증
④ 사용된 원료의 품목제조보고서
⑤ 사용된 원료의 제조공정도
⑥ 사용된 효소의 유래를 확인할 수 있는 서류
⑦ 사용된 원료의 시험성적서
⑧ 생산허가서 또는 영업허가서(영업신고증)
⑨ 샘플(판매되는 최소단위)
⑩ 원재료 표기리스트

인증기간은 접수 후 20~30일이 소요되지만, 신청 기업의 준비상황에 따라 유동적이다. 또한, 접수방법은 우편으로 하거나 또는 방문 접수하여야 한다.[1]

(2) 실사 방법

① 간단한 회사 소개 및 제조 과정에 대한 브리핑
② 질문과 답변
③ 창고 실사: 할랄 원료와 비 할랄 원료의 별도 구분 보관 여부
④ 제조과정 실사: 할랄과 비할랄 상품은 원칙적으로 별도 라인에서 생산하여야 하나 동일 라인에서 생산할 경우 CIP 세척 매뉴얼에 따라 철저하게 세척해야 한다. 단, 돼지 또는 개의 원료 또는 성분이 들어간 상품 제조 라인에서는 절대로 할랄 상품을 생산할 수 없다. 생산된 할랄 상품은 비할랄 상품과 별도 보관되어야 한다.

---

[1] 주소: 서울 용산구 한남동 732-21 한국이슬람교할랄위원회.

(3) **비용**

① 인증서 발급 비용

신청건 당 50만 원, 추가 품목당 30만 원, 세 품목 신청 시 첫 품목 50만 원, 나머지 두 품목 30×2=60만 원, 합계 110만 원

② 인증료-할랄 용도로 수출 또는 국내 납품의 경우 인보이스상 매출(수출)금액의 0.1%를 할랄인증서 발급 후 1년 뒤 인증료를 정산한다.

③ 실사 비용은 현장 실사 후 현장에서 지급한다.

수도권 충청지역 15만 원 그 외 지방 20만 원

④ 회사 측의 잘못으로 또는 요구로 재발급 시에는 3만 원의 비용을 지급해야 한다.

※ 문의: 한국 이슬람교 전화 02-793-3699

KMF는 2011년 싱가포르 MUIS와 상호인증이 체결되었고 2013년 7월에는 말레이시아 JAKIM과 상호인증을 체결하였으나 아직 인도네시아 MUI와의 상호인증은 체결되지 않고 있다.

제13장 할랄인증의 표준화

제1절 현행 할랄인증의 문제점

할랄인증기관이 가장 많은 나라는 호주로서 약 24개의 인증기관이 있는 것으로 조사되었으며, 이 중 8개 인증기관만이 말레이시아 JAKIM으로부터 인정을 받았고, 6개의 인증기관이 인도네시아 MUI로부터 인정을 받았다. 또한, 양 기관으로부터 동시에 인정을 받은 기관은 ICCV, SICHMA[1] 두 기관뿐이다.

앞서 300개가 넘는 할랄인증기관이 존재한다고 몇 차례 언급한 바 있지만, 140여 개 이슬람국가 수보다 많은 인증기관이 있지만, 세계적으로 명성이 있는 JAKIM이 인정한 인증기관은 73개에 지나지 않는다.

설령 말레이시아 JAKIM의 인정을 받는 해외기관이라고 하더라도 다른 이슬람국가에서 인정을 하지 않는 경우가 발생할 수도 있고, 또한 JAKIM에서는 6개월에 한 번씩 인정기관에 대한 실사를 통해 인정을 취소하는 De-Listed 기관을 발표하고 있다.

따라서 수출기업들은 수입국에서 어떠한 할랄인증을 받아야 되는가

---

[1] ICCV Islamic Co-ordinating Council of Victoria, SICHMA Supreme Islamic Council of Halal Meat in Autralia Inc.의 약칭이다.

에 대하여 사전에 확인할 필요가 있는 것이다.

아무리 국제적으로 신용도가 높은 JAKIM으로부터 할랄인증을 직접 받았다고 하더라도 수입상이 특정 할랄로고를 요구한다면, 이에 응하지 않을 수 없는 것이다. 이렇게 된다면, 극단적으로 이슬람 수출대상국별로 할랄인증을 받아야 될지도 모르는 일이다.

현재 싱가포르는 GCC와의 자유무역협정에 따라, 말레이시아·인도네시아·부르나이·싱가포르 등 4개국은 마빔스협약MABIMS Agreement에 따라 서로 교차인증을 해주고 있다. 그러나 이러한 교차인증은 해당국이 직접 발행한 로고에 대한 교차인증일 뿐이며, 특정국이 인정한 기관에까지 확대적용하여 인정해주지는 않고 있다.

모라면업체가 우리나라 KMF의 인증을 받았지만, KMF가 JAKIM의 인정기관이라고 인도네시아에서 로고삭제를 요구하는 상황이 발생하는 것이다.

이슬람국가들의 할랄규정이 국가별로 종파별로 다르기는 하지만 말레이시아의 할랄표준이나 인도네시아의 할랄표준이나 대부분 국가의 할랄표준은 크게 다르지 않음에도 각국이 자신의 로고를 부착할 것을 요구하는 것은 결국 할랄인증에 대한 주도권 싸움이며, 결국 이러한 주도권 싸움의 피해는 고스란히 피인증기업에게 돌아갈 수밖에 없는 것이다.

따라서 세계적으로 통일된 할랄인증의 필요성이 크게 대두되고 있으며, 이를 위해서는 할랄인증 기준 또는 심사기준의 표준화가 절실히 필요하지만 할랄허브를 노리는 주요국들의 이해관계가 얽혀있기 때문에 세계적인 인증기준의 통일화는 쉽게 이루어지지 않고 있다.

제2절 OIC와 SMIIC

먼저 OIC이슬람 국가협의회, Organization of Islamic Countries는 이슬람국가들의 모임으로 1969년 모로코의 라바트Rabat에서 창설된 UN 다음으로 큰 국제기구이며 현재 57개의 가맹국으로 구성되어 있다.

이들의 설립은 메디나, 메카와 함께 이슬람 3대성지라고 불리는 예루살렘의 알아크사Al-Aqsa 모스크의 방화사건을 계기로 무슬림국가들의 입장을 대변하고 무슬림세계의 이해관계를 보장하며 또한 이종교와의 평화로운 공존을 목적으로 초기 25개 이슬람국가들의 정상회담으로부터 시작되었다.[2]

이슬람 국가협의회는 2010년 8월 부속기관으로 이슬람국가 표준 및 도량형 연구소SMIIC, The Standards and Metrology Institute for Islamic Countries를 설치하였는데 SMIIC는 할랄인증을 실행하는 기관이 아니라 이슬람국가들의 할랄인증기준을 표준화하기 위한 기관인 것이다.

/ 표 1 / SMIIC의 각 기술위원회(TC: Technial Committee)

TC분과	표준화영역
TC1	할랄식품
TC2	할랄화장품
TC3	서비스관련
TC4	신재생에너지
TC5	관광 및 부대 서비스
TC6	농산품
TC7	수송
TC8	가죽과 제혁
TC9	섬유 및 관련제품

[2] http://oic-oic/org

SMIIC의 목표는 다음과 같다.

① 조화로운 할랄표준을 개발
② OIC/SMIIC의 자체 표준의 개발
③ 측량, 실험실 시험 방법과 표준의 통일화
④ 할랄표준 미보유 회원국가에 대한 기술적 지원[3]
⑤ 할랄인증Accreditation계획 수립

한편 OIC는 2011년 세 가지의 표준을 만들었는데 각각 할랄푸드에 관한 일반지침, 할랄인증기관에 관한 지침 및 할랄인증기관의 인증에 관한 지침 등이다. 이러한 표준 가운데 OIC/SMIIC 3:2011은 할랄인증기관들의 중복적인 실험이나 타기관, 인증 신청기업들의 재인증에 발생하는 비용을 축소하고 기업들의 시장진출을 빠르게 할 수 있게 하기 위해서 제정된 것이다.

/ 표 2 / OIC/SMIIC의 표준

표준	내용
OIC/SMIIC 1:2011	General Guidelines on Halaal Food
OIC/SMIIC 2:2011	Guidelines for Bodies Providing Halaal Certification
OIC/SMIIC 3:2011	Guidelines for the Accreditation Body Accrediting Halaal Certification Bodies

---

[3] 현재 57개 OIC국가 중 자체적으로 할랄인증 표준을 갖고 있는 나라는 10개국에 불과하다.

제3절 IHI Alliance

IHI_{International Halal Integrity} Alliance은 회원국 상호 간에 국제무역에 있어서 할랄시장에 대한 컨셉을 통합하기 위해 설립된 비영리 국제기구이다.[4]

국제 할랄통합_{IHI, International Halal Integrity}은 2006년 세계할랄포럼_{WHF, World Halal Forum}에서 30여 개 국의 결의에 의해 2007년 4월에 말레이시아 할랄 금융 중심지인 라부안_{Labuan}에서 일반 기업의 형태로 설립이 되었다.

말레이시아 수상이며 OIC의장이던 Dato' Seri Abdullah Ahmad Badawi가 설립에 핵심적인 역할을 맡아왔기 때문에 이 기구에서 말레이시아의 입김이 대단히 높으며, 향후 글로벌 할랄산업을 발전시킬 수 있도록 할랄표준에 대한 세계적 통일을 이룩하기 위해 활동하고 있다.

IHI의 목적은 다음과 같다.

① 할랄산업의 전 공급사슬 속에서 할랄관행을 수립하고 보급
② 비무슬림 소비자까지도 할랄제품의 이해와 구매를 촉진
③ 비무슬림국까지도 할랄제품생산라인의 확대와 할랄제품 생산촉진
④ 할랄에 대한 지식베이스형성에 관한 연구활성화 및 할랄산업 내에서 신제품이나 신기술 개발의 지원
⑤ OIC상호 간 무역촉진 및 할랄산업발전을 위한 범국가적 협력달성

IHI는 이슬람 상공회의소_{ICCI, Islamic Chamber of Commerce and Industry}와 함께 10여 가지의 ICCI-IHI 통합 할랄 표준을 발표하였는데, 여기에는 물류서비스,

---

[4] http://www.ihialliance.org

식품서비스, 화장품, 의약품, 도살처리방법, 동물복지 및 금융 등 다양한 분야가 포함되어 있다.

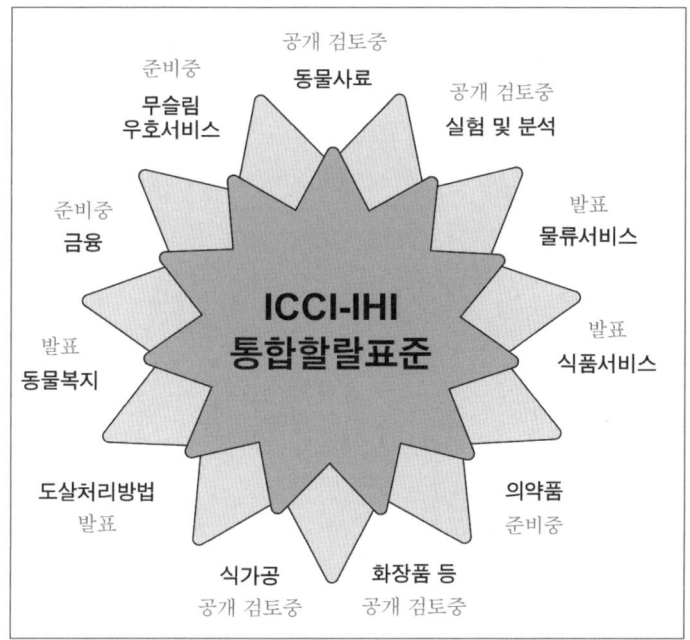

/ 그림 1 / ICCI-IHI의 할랄표준의 범주

제4부

할랄산업의 발전과 과제

제14장 우리나라의 할랄산업의 발전과제

제14장 우리나라의 할랄산업의 발전과제

할랄이라고 하는 개념은 지극히 종교적인 개념이다. 우리나라의 무슬림 인구는 15만 정도에 불과한 상태이기 때문에 국내시장만을 놓고 본다면 할랄산업이 경제에 큰 영향을 미치지 않는다고 볼 수 있다.

그러나 우리 경제는 대외지향적 성장정책을 구가해 왔고, 특히 제1의 중동붐으로 비약적인 성장을 해온 것이 사실이다. 그러나 1997년 IMF사태와 2008년 금융위기를 거치면서 그 성장세가 둔화되고 장기침체의 국면에 들어선 가운데 할랄산업을 중심으로 한 제2의 중동붐의 조성은 크나큰 의미를 지니고 있다고 볼 수 있다.

그러나 할랄에 대한 개념도 제대로 확립하지 못한 채, 농림축산식품부나 한국식품연구원만이 주축이 되도록 하거나 이들 식품 관련 기관들에게만 할랄의 총체적 책임을 부과하는 것은 바람직하지 않다. 앞서 언급한 바대로 할랄은 식품만을 의미하는 것이 아니라 전 산업에 걸쳐 적용되는 개념이기 때문에 정부정책의 전면적인 재검토가 필요하며, 콘트롤타워의 역할을 담당할 수 있는 새로운 형태의 범정부적 조직을 만들 필요가 있다.

말레이시아와 같은 할랄 선진국에서는 식품뿐만이 아니라 화장품, 의약품으로 표준을 새롭게 정하고 있고 할랄관광, 할랄유통, 할랄품질관리시스템, 할랄금융 분야로 계속 인증의 범위를 확대하고 있는 상황이기 때문에 근일 간에 이러한 영역에서 할랄인증을 요구할 가능성이 매우 높기 때문에 식품 위주의 접근방법이 문제가 될 수 있다는. 것이다.

국교가 이슬람교가 아닌 인도네시아가 할랄제품보장법과 같은 강력한 법을 도입하거나, UAE같이 포스트 오일시대를 대비한 새로운 국가정책으로 할랄인증을 주도하고 있다는 점에 주목할 필요가 있다.

각국의 이권이 걸려있는 상태에서 할랄인증의 세계적 표준과 통합은 쉽게 이루어지지 않을 것 같지는 않다. 따라서 우리나라도 나름의 할랄 지침이나 표준을 갖추는 것도 필요하다. 국가마다 다른 표준이 존재하지만, 대부분의 표준이 크게 차이가 나지 않는다. 국가적으로 할랄에 대한 지침을 갖추게 된다면, 할랄인증을 시도하는 기업들의 이해를 증진시키고 또한 참여도를 높여 궁극적으로 이슬람국가들에 대한 수출에 도움을 줄 수 있을 것으로 보인다.

기초의 토대 없이 건물을 지을 수 없는 것처럼 할랄에 대한 정보시스템, 생산 및 수출입 통계시스템 등 인프라의 구축도 정부의 주도하에 이루어져야 한다. 주먹구구식의 인증비용지원이나 단발성 정책으로 할랄지원정책을 시행해서는 안 된다.

이슬람권의 경제성장 속에 동남아를 중심으로 할랄인증은 큰 이권사업으로도 부상하고 있다. 즉 말레이시아 JAKIM을 필두로 국가 차원에서 경쟁적으로 할랄인증 국제표준을 선도하려는 움직임이 활발히 진행되고 있다. 특히 인도네시아는 민간 종교단체가 해오던 할랄인증사업을 정부가 맡아 끌고 가는 쪽으로 2014년 할랄제품보장법도 확정하였다. 국제할랄허브를 꿈꾸고 있는 말레이시아의 야심에 대한 견제구를 던진 것이다. 이에 더해 UAE도 ESMA를 모태로 GCC를 통한 세계적인 할랄인증표준화를 주도하려고 하고 있다.

 세계의 주요 할랄인증기관들이 국가적 차원에서 새로운 국익수단으로 할랄인증을 표준화하려고 하고 있고, 국내에서도 많은 기관들이 할랄인증을 사업수단으로 활동을 하고 있다.

 물론 이러한 활동들이 국익 차원에서 기존 이슬람권 국가에 대한 수출을 증진시키고, 이슬람권 국가로의 새로운 수출경로를 제공한다는 점에서는 이들의 노력을 비난할 이유가 없다.

 다만 할랄인증이라는 것이 모든 이슬람권 국가에 수출할 수 있는 황금열쇠인 것처럼 기업들을 오도誤導하는 것은 대단히 큰 문제라고 보여진다. 현재 정부기관이나 지자체에서 할랄인증에 대한 금융지원을 대폭적으로 확대하고 있는 마당에 수출에 전혀 도움이 되지 않는대도 불구하고 무분별하게 할랄인증을 획득하는 것은 우리 경제에 아무런 도움이 되지 못하기 때문이다.

 현재 우리나라에서 주도적으로 할랄인증을 하고 있는 기관은 KMF이다. 따라서 KMF가 해야 할 일이 그만큼 많다는 것이다. 2011년 싱가포르 MUIS, 2013년 말레이시아 JAKIM과의 교차인증에 이어 인도네시아 MUI와의 교차인증에도 심혈을 기울이고 있지만 아직까지 가시적 성과는 나타나지 않고 있다.

 설령 인도네시아 MUI와의 교차인증이 허용된다고 하더라도 문제가 모두 해결되는 것은 아니다. 앞서 언급하였듯이 또 다른 할랄 허브를 꿈꾸는 UAE나 다른 국가들의 할랄정책도 주시하고 있어야 한다.

 최근 정부에서는 식품위생법 시행규칙의 개정을 통해 할랄인증마크를 붙일 수 있게 함으로써 국내 무슬림에게 제품선택의 폭을 확대할 수 있도록 하고 있다.

20억 명에 달하는 거대한 이슬람시장을 공략하기 위해 가장 필요한 것은 할랄인증이지만, 국가마다 서로 다른 할랄규정이 존재하고 있고 아직까지 세계적인 통일화된 할랄인증이 없기 때문에 그만큼 중소기업의 입장에서는 접근하기 어려운 것이 할랄인증이다.

우리나라에서 KMF가 할랄인증을 행하고 있으나, 아직까지 국제적인 신뢰도를 확보하지 못하고 있는 실정이다. 따라서 KMF는 자체 인증이 세계적인 공신력을 갖출 수 있도록 세계 주요 인증기관과의 교차인증확대에 노력해야 한다. 또한, 말레이시아의 캐드버리 초콜릿과 같이 돼지 DNA가 검출되는 경우에는 국가적인 손실이 초래될 수 있기 때문에 피인증업체의 사후관리에도 책임감과 사명감을 갖고 할랄인증업무를 시행해야 할 것이다.

현재 할랄인증과 관련하여 크게 문제 되고 있는 것은 전문인력이 턱없이 부족하다는 것이다. KMF도 자체적으로 전문인력의 양성에 노력해야겠지만, 정부차원에서도 말레이시아나 인도네시아, 태국과 같이 대학이나 전문검사기관과 연계한 할랄전문검사 연구소를 설립하거나 교육기관의 지정 등을 통해 전문가양성에 신경을 써야 할 것이다.

이슬람권 시장에 진입하기 위해서는 할랄인증이 대단히 중요한 요건임에는 분명하다. 그러나 특정국 또는 특정기관에서 할랄인증을 취득했다는 것이 모든 이슬람국가에 진출하는 황금열쇠가 될 수 없음을 정확히 인식하고, 목표시장에서 요구하는 조건에 부합하는 할랄인증을 추진할 필요가 있는 것이다.

부록

- **부록 1** JAKIM이 인정한 해외 할랄인증기관
- **부록 2** 할랄식품 - 생산, 준비, 처리와 저장에 관한 일반지침
- **부록 3** FAO의 '할랄' 용어 사용에 관한 일반지침
- **부록 4** 인도네시아 할랄 가이드라인
- **부록 5** 무슬림 우호적 서비스의 요구조건
- **부록 6** 반추동물 및 가금류 도축시의 기절법 사용조건
- **부록 7** 나지스(무갈라자)의 샤리아 세척의례

/ 부록 1 / JAKIM이 인정한 해외 할랄인증기관 (2015.7.31 현재)

AUSTRALIA

No.	Organization & Address	Contact	Halal Logo
1	Adelaide Mosque Islamic Society of South Australia 20 Little Gilbert Street Adelaide S.A 5000 Australia	Mr. Mohd Farid Ismail Vice President Tel: +61 4 1474 5390 Fax: +61 8 8231 6443 Email: mohdfarid_ismail@yahoo.com.au	
2	Al-Iman Islamic Society Inc. 173 Johnston Street Collingwood Victoria 3066 Australia	Mr. Mohamed Amir Chairmain Tel: +61 3 9417 6585 Fax: +61 3 9416 2965 Email: mohamed@aliman.com.au	
3	Australian Halal Authority & Advisers (AHAA) 135 Sydney Road Coburg Victoria 3058 Australia	Mr. Muhammad Esfandiar Chairman Tel: +61 3 9386 0786 Fax: +61 3 9384 6939 Mobile: +61 4 3103 3351 Email: ahaaservices@gmail.com/ mohfandi@hotmail.com Website: www.ahaa-services.com	
4	Islamic Co-ordinating Council of Victoria (ICCV) 155 Lygon Street East Brunswick Victoria 3057 Australia	Mr. Refik Koyu General Manager Tel: +61 3 9380 5467 Fax: +61 3 9380 6143 Mobile: +61 4 0168 0915 Email: iccv@bigpond.com	

5	**Islamic Association of Geraldton** Geraldton Mosque 172 George Road Geraldton Western Australia 6530 Australia	**Mr. Daftie Hj Abdul Kudus** **President** Tel: +61 8 9964 1493 Fax: +61 8 9964 1318 Mobile: +61 4 0764 1493 Email: daftiekudus@yahoo.com.au	
6	**Islamic Association of Katanning** P.O Box 270 Katanning Western Australia 6317 20 Casuarina Drive Kataning Western Australia 6317	**Mr Alep Mydie** **President** Tel: +61 8 9821 2775 Mobile: +61 4 8718 2144 Email: alepmydie@yahoo.com/ iakatanning@bigpond.com.au	
7	**Perth Mosque Incorporated** 427-429 William Street Perth Western Australia 6003	**Mr. Fazel Anthony** Tel: +61 8 9328 8535/ +61 8 9444 3648 Fax: +61 8 9328 8537 Mobile: +61 4 1531 2549 Email : perthmosque@hotmail.com/ yaqoobkhan@gmail.com	
8	**Supreme Islamic Council of Halal Meat in Australia Inc. (SICHMA)** Unit 1, 35-37 Harrow Road Auburn New South Wales 2144	**Mr. Mughtarulah Sadien** **Chairman** Tel: +61 2 9643 7775 Fax: +61 2 9643 7776 Mobile: +61 4 0012 2785 Email: msadien@sichma.com.au/ msadien786@hotmail.com	

AUSTRIA

No	Organization & Address	Contact	Halal Logo
9	Islamic Information and Documentation Center A-4050 Traun, Theodor Körner Str. 10 A A-1010 Wien , Sterngasse 3 Austria	Mr. Günther Ahmed Rusznak President Tel: +43 699 884 658 04 Email: rusznak@iidz.at Website: www.halal-iidz.eu/ www.iidz.at	

ARGENTINA

No	Organization & Address	Contact	Halal Logo
10	The Halal Catering Argentina San Nicolas 1061 – (1407) Buenos Aires The Halal Catering Argentina Halal Certification Halal Slaughtering & Halal Food Supervision Mercedes 3801, 4th Floor Zip Code 1419- Bs. As. Argentina	Gustavo Khalil Kabalan President Tel: +54 113974-8437/ +54 11 45050703 Email: thca@halalcertificationarg.com Web: www.thehalalcateringargentina.com	
11	Islamic Centre of Argentine Republic (Centro Islamico de La Republica Argentina) 3053 San Juan Ave Capital Federal, Argentina	Fabian Amin Ankah/ Yamil Alexis Sayer Tel: +54-11-4931-3577 Fax: +54-11-4931-3577 #105 Email: halal@halal.org.ar/ sec.halal@halal.org.ar	

BANGLADESH

No	Organization & Address	Contact	Halal Logo
12	Islamic Foundation Bangladesh (Baitul Moqarram National Mosque) Dhaka – 1000 Bangladesh	Mr. Shamim Md. Afzal Director General Tel: +880 2 9559 643 Fax: +880 2 9563 397 Email: drabdullahalmaruf@yahoo.com	

BELGIUM

No	Organization & Address	Contact	Halal Logo
13	Halal Food Council of Europe (HFCE) 4 Rue De la Presse 1000 Brussels Belgium	Prof. Dr. Hj. Mohamed Sadek Chairman Tel: +32 2227 1114/ +32 2227 2728 Fax: +32 2218 3141 Email: halal@hfce.eu	

BRAZIL

No	Organization & Address	Contact	Halal Logo
14	Federation of Muslims Associations in Brazil Rua Tejupa 188 – Jabaquara CEP 04350-020 Sao Paulo SP Brazil	Dr. Mohamed Hussein El Zoghbi Mr Nizar Adel El Ghandour Tel: + 55 (11) 5035-0820 Fax: +55 (11) 5031-6586 Email: nizar@cibalhalal.com.br/ fambras@fambras.org.br/ director@fambras.org.br	

No	Organization & Address	Contact	Halal Logo
15	Centro de Divulgaçãodo Islam Para América Latina (CDIAL)/ Islam Dissemination Center for Latin America Rua Marechal Deodoro, 1960- 2° Andar Centro-Sao Bernardo Do Campo-SP Sao Paolo, CEP 09710- 201Brazil	Mr. Ahmad Ali Saifi Chairman Tel/Fax: + 55 11 4128-2800 Email : ali.saifi@cdialhalal.com.br, diretoria@cdialhalal.com.br, supervisao@cdialhalal.com.br	 CDIAL

CANADA

No	Organization & Address	Contact	Halal Logo
16	Halal Montreal Certification Authority 1510, Chemin Chambly, Suite 270 Longueuil Quebec J4J 3X5 Canada	Mr. Taibi Baaja Tel: +1 514 296 7360 Fax: +(450) 332 7072 Email: info@halalmontreal.com taibi@halalmontreal.com	HMCA حلال

CHINA

No	Organization & Address	Contact	Halal Logo
17	Shandong Islamic Association No.217 Yingxiongshan Rd. Shizhong Dist., Jinan SANDONG Prov. People Republic of China	Sulaiman Zhang Ruizheng Vice President Secretary-General Tel: 0086 531 80965803/ Fax 0086- 531 80965801 Email: posmaster@sdislam.com.cn i@sdislam.com.cn Website: www.sdislam.com.cn	SHANDONG ISLAMIC ASSOCIATION 清真 حلال

No	Organization & Address	Contact	Halal Logo
18	China Islamic Association No 103 Nanhengxijie Xicheng District Beijing ,China	Hj. Abdullah Ma Wen Hua Tel: 86-13699297269 Fax: 8610-6352 9483 Email: ciahalalfood@163.com	
19	ARA Halal Development Services Center Inc. (ARA) (郑州伊真企业管理咨询有限公司) No.139, ZiJingShan Road. Zhengzhou City Henan Province China, 450000	Mr. Abdul Rahim Albert Hsiu President Tel (Office/Fax): +86-371-6906 6957 / +86-155 1558 2756 Email: albert6853@hotmail.com Mdm Ani Zhao Hua Tel: +86-155 1554 5789 Email: anizhao@hotmail.com	

CHILE

No	Organization & Address	Contact	Halal Logo
20	Centro Islamico De Chile Campoamor 2975, Nunoa Santiago Chile	Mr. Kamal Sufan Tel: 56 - 2 - 3431376 Fax: 56 - 2 – 3431378 E-mail: halal@islamenchile.cl/ www.halal.cl/ www.centroislamicodechile.cl/ www.islamenchile.cl	

FRANCE

No.	Organization & Address	Contact	Halal Logo
21	Ritual Association of Lyon's Great Mosque (Association Rituelle de la Grande Mosquée de Lyon) 146 boulevard Pinel 69008 Lyon France	Mr Kamel Kabtane / Mr Azeddine BAHI Tel: +33 (0)4 78 76 00 23 Fax: +33 (0)4 78 75 77 42 Email: argml@mosquee-lyon.org	

GERMANY

No.	Organization & Address	Contact	Halal Logo
22	HALAL CONTROL e.K. (EU) Pruef- und Zertifizierungsstelle fuer Halal-Lebensmittel European Inspection- and Certification Body for Halal-Food Kobaltstr. 2-4 D-65428 Ruesselsheim Germany	DI Mahmoud M. Tatari Tel: +49 6142 301987-0 Fax: +49 (0) 6142 301987-29 Mobile: +49 179 5207 088 Email : info@halalcontrol.eu mtatari@halalcontrol.info kjazzar@halalcontrol.de Website: www.halalcontrol.eu	

INDIA

No	Organization & Address	Contact	Halal Logo
23	**Halal Committee-Jamiat-Ulama-E-Maharashtra** Imam Wada Compound Imam Wada Road, Near Mughal Masjid, Bhindi Bazar, Mumbai 400009	**Mr Shahid Nadeem/ A. A.Khan Mohammed Waseem Qasmi** Tel: +91 -93221229650 Fax: 91 22 2375 9169 Email: jamiatulemamaharashtra@hotmail.com/ inquiryhalalcertifcatejum@gmail.com/ cor@halalhind.com/ contact@halalhind.com/ director@halalhind.com Website: www.halalcommittee-jum.org	
24	**Halal India PVT LTD** Suit No.7, 3rd Floor Hameediya Shopping Mall Triplicane High Road Triplicane, Chennai-05 Tamil Nadu, India	**Mohamed Jinna** **CEO** Tel: 91-44-43567446/ 91-44-42618147 Fax: 91-44-42663445 Email: mohamed@halalindia.co.in Website: www.halalindia.co.in	

No	Organization & Address	Contact	Halal Logo
25	Jamiat Ulama-I-Hind Halal Trust 1, Bahadur Shah Zafar Marg New Delhi-1 10002	Mr. N.A. Farooqui Tel: 011 2331455 / 011 23317729/ +91-9312228470 Fax: 011 23316173 Email: niazfarooqui@gmail.com/ jamiathalaltrust@gmail.com Website: www.jamiathalaltrust.org	

INDONESIA

No	Organization & Address	Contact	Halal Logo
26	The Indonesian Council of Ulama (MUI) Lembaga Pengkajian Pangan Obat-obatan dan Kosmetika Majelis Ulama Indonesia Building 3rd Floor Jl. Proklamasi, No.51 Menteng-Jakarta Pusat Indonesia	Ir. Lukmanul Hakim, M.Si Director Tel: +62 21 3918890 Fax: +62 21 3918915 Email: halalmui@indo.net.id/ info@halalmui.org	

ITALY

No	Organization & Address	Contact	Halal Logo
27	Halal International Authority (HIA) Via Bicetti de Buttinoni N.1 – 20156 (MI) – Milan – Italy	Sheikh Prof. Dr. Sharif Lorenzini President Tel: +39 02 3944 9134/ +39 080 5216724 Fax: +39 02 3948 4129 Email: info@halalitaly.org/ info@halalint.org	

JAPAN

No	Organization & Address	Contact	Halal Logo
28	**Japan Muslim Association** 3-4-14, Kohinata, Bunkyo-ku, Tokyo 112-8585, Japan	Prof. Hideomi MUTO (Tayeb MUTO) Chairman Tel: +81 33947 2419 Fax: +81 33947 9416 Email: jma@mc.neweb.ne.jp tayebm@aol.com shariahinst@yahoo.co.jp	
29	**Japan Halal Association (JHA)** 547-0035 Osaka Shi Hirano-Ku Nishiwaki 1-1-2 Miyako Sansai Building Japan	Hind Hitomi Remon Chairman Tel: +81 6 6704 7080 Fax: +81 6 6704 9505 Email: info@jhalal.com remon@jhalal.com	

KENYA

No.	Organization & Address	Contact	Halal Logo
30	**Kenya Bureau of Halal Certification (KBHC)** Village Plaza, Ngara Road Block A, Suite A2 P.O.Box 39445-00623 Nairobi, Kenya	Mr. Mohammed Ayub Khalid Chairman Tel: +254 20-3748770/ +254 20-2680629 Fax: +254 20 3748774 Email: info@kbhc.info Mr. Fauz Qureishi C.E.O/ Trustee Email: qureishi@kbhc.info	

KOREA

No.	Organization & Address	Contact	Halal Logo
31	**Korean Muslim Federation (KMF)** 39 Usadan-ro 10gil Yongsan-gu Seoul 140-192 , Korea	**Choi, Youngkil (Hamid)** **President** Tel: +82-2 793 6908/+82-2 794 7307 Fax:+82-2 798 9782 Email: kychoi@mju.ac.kr / kihf@hanmail.net/ koreanimam@gmail.com	

NETHERLANDS/ HOLLAND

No.	Organization & Address	Contact	Halal Logo
32	**Control Office of Halal Slaughtering B.V & Halal Quality Control** Laan Van Meerdervoort 53D 2517 AE Den Hague The Netherlands	**Dr. A. M. Al Chaman** **Chairman** Tel: +31 (0) 70 3469 795 Fax: +31 (0) 70 3450 033 Mobile: +31 (0) 61 4959 748 Email: info@halaloffice.com Website: www.halaloffice.com	
33	**Foundation Halal Correct Certification (TQHCC-Total Quality Halal Correct)** Fruitweg 22C 2321GK Leiden Mailbox: PO.BOX: 179, 2300 AD Leiden, The Netherlands	**Mr. Abdulfatteh Ben Ali-Salah** **Director** Tel: +31 71 523 5770 Fax: +31 71 523 5771 Mobile: +31 64 211 3636 Email: info@halalcorrect.com Website: www.halalcorrect.com	

34	Halal Feed and Food Inspection Authority (HFFIA) Visit Address: Fijnjekade 225, 2521 DT The Hague, The Netherlands Postal Address: P.O. Box 16786, 2500 BT The Hague, The Netherlands	Hj. Abdul Qayyoem Director Tel: 0031-(0) 70-364 91 91 Fax: 0031-(0) 70- 364 54 60 E-mail: info@halal.nl/ abdulqayyoem@halal.nl Website: www.halal.nl Ms. Yasmin Van Hamersveld Management Assistant Email: yasmin@halal.nl	

NEW ZEALAND

No	Organization & Address	Contact	Halal Logo
35	Federation of Islamic Associations of New Zealand (FIANZ) Ground Floor 7-11 Queens Drive P O Box 14-155, Kilbirnie Wellington New Zealand	Mr. Hazim Arafeh President Tel: +64 4 387 8023 Fax: +64 4 387 8024 Email: fianz@xtra.co.nz fianz@vodafone.co.nz	
36	New Zealand Islamic Development Trust (NZIDT) Level 4, 369 Queen Street PO Box 5636, Auckland 1010 New Zealand	Dr. Mohamed El Amien Tel: 09 306 8934 Fax: 09 306 8935 Email: halal@nzidt.co.nz	

PAKISTAN

No	Organization & Address	Contact	Halal Logo
37	Jamea Markaz Uloom Islamia Mansoora (JMUIM) Multan Road Lahore Pakistan	Mr Moulana Abdul Malik Tel: +924235419520 Fax: +924235431938 Email: jmuimp@gmail.com	

PHILIPPINES

No.	Organization & Address	Contact	Halal Logo
38	**Islamic Da'wah Council of The Philippines (IDCP)** Suite 400 FUBC Building Escolta Manila P O Box 3669 Manila Philippines	Hj. Abdul Rahman R.T. Linzag **President** Tel: (632) 245 8456/ 242 9394/ 241 0735 Fax: (632) 241 5142 Email: idcp.ph@gmail.com shahid@idcphalal.com inquire@idcphalal.com linzag@idcphalal.com Website: www.halalislamicdawah-ph.com www.idcphalal.com	
39	**National Commission on Muslim Filipinos (NCMF)** 79 Jocfer (Annex) Building Commonwealth Ave Diliman, Quezon City Philippines i) The Ulama League of The Philippines ii) Halal Development Institute of The Philippines iii) Islamic Advocate on Halal and Development	Dr. Dimapuno A. Datu-Ramos, Jr. **Director** Tel: +02 952 6490/ +02 952 6491 Fax: +02 952 4875/ +02 952 4540 Email: ncmf.berhalal@gmail.com	

POLAND

No	Organization & Address	Contact	Halal Logo
40	**Muslim Religious Union in Poland (MRU)** ul. Piastowska 13F 15-207 Bialystok Poland	Mr. Tomasz Miskiewicz Tel: 0048 605 61 2137 / 0048 857 32 4023 Fax:0048 857 32 4023 Email: mzr@mzr.pl/ project.mzr@gmail.com halalpoland@gmail.com Website: www.halalpoland.pl	

SINGAPORE

No	Organization & Address	Contact	Halal Logo
41	**Islamic Religious Council of Singapore (MUIS)** Singapore Islamic Hub 273 Braddell Road Singapore 579702	Mr. Munir Hussain **Assistant Head,** **Halal Certification Strategic Unit** DID: (65) 6359 1160 Tel: (65) 6359 1199 Fax: (65) 6259 4733 Email: Munir_hussain@muis.gov.sg Website: http://www.Halal.Sg	

SOUTH AFRICA

No	Organization & Address	Contact	Halal Logo
42	**National Independent Halaal Trust** Baitun Noor Centre 5770 Topaas Str. Extension 5 Lenasia Johannesburg	**Moulana Abdul Wahab Wookay** **C.E.O** Tel: +27 11 854 4381 Fax: +27 11 852 4300 Email: niht@halaal.org.za/ abdulwahab@halaal.org.za Website: www.halaal.org.za	
43	**South African National Halal Authority (SANHA)** 4th Floor, Gem Towers 98 Overport Drive Overport, 4091 Durban, South Africa P.O.Box 2092, Durban 4000, South Africa	**Maulana MS Navlakhi** Tel: 27 31 2075768 Fax: 27 31 2075793 Email: sanha-gp@sanha.org.za/ sanha-kzn@sanha.org.za director@sanha.org.za	
44	**Muslim Judicial Council Halaal Trust (MJCHT)** Headquarters: 20 Cashel Avenue, Athlone Cape Town 7764 Republic of South Africa **Postal address:** P O Box 4118 Cape Town 8000 South Africa	**Sheikh Achmat Sedick** **Director** Tel: +27 21 684 4602 Fax: +27 21 696 8502 Mobile: +27 73 428 2072 Email: directorht@mjc.org.za **Sheikh Moosa Titus** **Chief of Operations** Tel: +27 21 684 4600 Fax: +27 21 696 8502 Email: shmoosamjchalaal@intekom.co.za Website : www.mjchalaaltrust.co.za	

SRI LANKA

No	Organization & Address	Contact	Halal Logo
45	**HALAL ACCREDITATION COUNCIL (GUARANTEE) LIMITED** Level 1, 329 1/1, Meewella Building Galle Road Colombo-04 Sri Lanka	Mr. Ali Fatharally Chief Executive Officer Tel : +941 1739 2140 Fax : +941 1258 8050 Email: info@hac.lk / ali@hac.lk Website: www.hac.lk	

SUDAN

No	Organization & Address	Contact	Halal Logo
46	**Majlis Fiqh Islami of Sudan/ Halal Authority of Sudan** P.O Box 11437, Khartoum The Republic of Sudan	Professor Tijani Alamin Chairman	

SWITZERLAND

No	Organization & Address	Contact	Halal Logo
47	**Halal Certification Services** P.O Box 247, 4310 Rheinfelden Switzerland	Mr. Farhan Tufail, Chief Executive Officer Tel: +41 61 813 30 64 Fax: +41 61 813 30 65 Email: info@halalcs.org/ ftufail@halalcs.org Website: www.halalcs.org	

TAIWAN

No	Organization & Address	Contact	Halal Logo
48	Taiwan Halal Integrity Development Association (THIDA) 3F No. 3, Lane. 25, Sec.1 Xinhai Road., Taipei City Taiwan (R.O.C)	Mr. Ali Kamaluddin Chang President Tel: +8862 2367 5231 Fax: +8862 2365 2094 Email: thida.info@gmail.com	

THAILAND

No	Organization & Address	Contact	Halal Logo
49	The Central Islamic Committee of Thailand (CICOT) The Institute for Halal Food Standard of Thailand 45 Moo 3 Klongkao Rd Klongsib Sub-District Nongchock ,Bangkok 10530 Thailand	Mr.Aziz Phitakkumpon President Tel: (662) 9494 215/ (662) 949 4114 (ext :138) Fax: (662) 949 -4250 Email: cicot.islam@gmail.com/ halal@cicot.or.th	

TURKEY

No	Organization & Address	Contact	Halal Logo
50	KAS ULUSLARARASI SERTİFİKASYON GÖZ. TEK. KONT. HIZM. LTD. ŞTI. (KASCERT INTERNATIONAL) Kazim Dirik Mah. Kurtulus Cad. No. 27/3 Bornova İZMİR, Turkiye	Mr. Ugur Ekici General Manager Tel: +90 232 435 61 00 Fax: +90 232 435 61 20 Email: manager@kascert.com	

No	Organization & Address	Contact	Halal Logo
51	**Association For The Inspection And Certification Of Food And Supplies (GIMDES)** Tekstilkent A 25 Blok No:51-52-53 Esenler/İSTANBUL TURKEY	**Dr. Huseyin Kâmi Büyüközer** Tel: +90 212 438 33 18 Fax: +90 212 438 33 19 Email: irtibat@gimdes.org/ hbuyukozer@hotmail.com	

UNITED KINGDOM

No	Organization & Address	Contact	Halal Logo
52	**The Muslim Food Board (UK)** P.O Box 1786 Leicester LE5 5ZE United Kingdom	**Mr. Yusuf Aboobakar** Tel/Fax: +44 116 273 8228 Email: info@tmfb.net / yusuf@tmfb.net	
53	**Halal Food Authority** 7th Floor, Finchley House 707 High Road, London N12 0BT	**Dr. Ghayasuddin Siddiqui** **Chairman** Tel: +44 (0) 208446 7127 / +44 (0) 20 8563 1994/ Fax: +44 (0) 208492 9463+44 (0) 20 8563 1993 Mobile: +44 (0) 77 2360 2772 Email: saqib@halalfoodauthority.com info@halalfoodauthority.com	

UNITED STATES OF AMERICA (USA)

No	Organization & Address	Contact	Halal Logo
54	**Islamic Food and Nutrition Council of America (IFANCA)** 5901 N. Cicero Ave, Suite 309 Chicago, Illinois 60646 USA IFANCA Halal Research Center 777 Busse Highway Park Ridge, Illinois 60068	**Dr. Muhammad Munir Chaudry** **President** Tel: +17732833708 Fax: +17732833973 Tel: +1 847 993 0034 EX 203 Fax: +1 847 993 0038 Mobile: +1 773 447 3415	

No	Organization & Address	Contact	Halal Logo
55	Islamic Services of America (ISA) P.O Box 521 Cedar Rapids, IOWA 52406 USA	Mr. Timothy Abu Mounir Hyatt Managing Director Tel: (319) 362-0480 Fax: (319) 366-4369 Email: thyatt@isahalal.org islamicservices@isahalal.org Website: www.isahalal.org	

VIETNAM

No	Organization & Address	Contact	Halal Logo
56	Halal Certification Agency Vietnam Floor 6, DinhLe Building, 123B Tran Dang Ninh, Cau Giay dist Hanoi, Vietnam Branch Office: Halal Certification Agency in Ho Chi Minh City 3 Floors, TPA Building, 24 Truong Son, F2, Tan Binh district, HCM, VN	Hajj. Mohammed Omar Director General Tel: 04 62693741 Fax: 04 62671285 Website: www.halal.vn Mail: omar@halal.vn / contact@halal.vn/ info@halal.vn Tel: 08 3547 1152 Fax: 08 3547 1162 Web: www.halal.vn Email: info@halal.vn	

AUTHORITIES

No	Organization & Address	Contact	Country
58	**FASONORM****(National Authority for Standards and Quality Promotion)**30, Avenue de l'UEMOA, Zone CommercialeP.O. Box 389 OuagadougouBURKINA FASO	Tel: 226 50 31 13 00/ 226 50 31 13 01Email: fasonorm@onac.bf	BURKINA FASO
59	**Lembaga Mengeluarkan Permit Import Halal, Bahagian Kawalan Makanan Halal, Jabatan Hal Ehwal Syar'iah**Tkt 2, Jalan Elizabeth IIKementerian Hal Ehwal Ugama (Lama)Bandar Seri BegawanBS 3510Negara Brunei Darussalam	**Dato Seri Setia Awang Haji Abdul Rahman bin Pehin Khatib Abdullah****Ketua Bahagian Kawalan Makanan Halal**Tel: (673) 224 2565Fax: (673) 222 3106	BRUNEI
60	**Egyptian Organization for Standardization & Quality (EOS)**No 16 Tadreeb El-Modarrebean Street, Ameriya, CairoEgypt	**Eng. Esam Shams ElDein****(EOS Chairman Assistant)**Tel: +2 02 22845526,Mobile: +2 010 6236668Email: eosesam@yahoo.com	
61	**Animal Health and Production Services, Department of Agriculture, Ministry of Agriculture**Abuko, BanjulThe Gambia	**Dr. Kebba Daffeh****Deputy Director**Tel : +220 422 82 30/ +220 422 82 70/ +220 99 277 36/ +220 39 277 36Email: kebbadaffeh@yahoo.co.uk	GAMBIA

62	**Direction Nationale des Affaires Economies des Zakat Etwaqf** Centre Isamique de Donka de Donka Commune de Dixinn Conakry, Guinea	**Mr. Oumar Kante** **Director Incharge of Soladerity** Tel: 22462866771/ 22464240781 Email: zawaqf@hotmail.com	GUINEA
63	**Ministry of Commerce and Industry, Public Authority of Industry, Kuwait** 1st Floor, Public Authority of Industry South Surrah, Kuwait	**Dr. Ali Al-Madaf** **Director General** Tel: (00965) 2530 2001	KUWAIT
64	**Direction Nationale des Industries (DNI)** (National Department of Industries) Ministry of Industry Investment and Trade Bamako, Mali	Tel: +223 20 29 57 60/ +223 20 29 06 63	MALI
65	**Institut Marocain De Normalisation (IMANOR)** Angle Avenue Kamal Zebdi et Rue Dadi Secteur 21, Hay Riad MA-10100 Rabat, Morocco **(New Logo)**	**Mr Abderrahim Taibi** **Director** Tel: +212 537 5724 43 / +212 537 5724 49 / +212 537 5724 50 Email: imanor@imanor.ma Website: www.imanor.ma	MOROCCO
66	**Associacao Comissao Halal de Mozambique**	**Mr. Abdula** Tel: +258-84-302 3570 Email: inf@halalmoz.com	MOZAMBIQUE
67	**Quality Control Department, Ministry of**	**Nooriyah Bint Sulaiman Bin Zahir Al Kharusiyah**	OMAN

	Commerce & Industry Post Box No. 550, Postcode No. 113, Muscat, Oman	**Director of Quality Control Department** Tel: +968-2477 4853 Email: nepic@business.gov.my	
68	**Qatar Supreme Council of Health,** **Department of Health Outlets and Food Control** P.O.Box 42, Doha, Qatar	**Mr. Ahmad Saad Al Qahtani** **Director of Health Outlets and Food Control Department** Tel: 974 4407 021 Fax: 974 4407 082	QATAR
69	**Association Senegalaise de Normalisation (ASN)** **(Senegalese Standardization Agency)** Ministry of Industry and Mines Route du Front de Terre x Bouguiba BP.O. Box 4037 DAKAR	**Mr. Barama Sarr** **Director** Tel: +221 33 827 64 01 Fax: +221 33 827 64 12 Email: asnor@orange.sn	SENEGAL
70	**Yemen Standardisation Metrology & Quality Control Organization** Sana'a, Zubairy Street P.O.Box: 15261	**Mr. Walid Abdul Rahman Othman** **General Manager** Tel: 00967 1 408608 / 00967 1 408609 Fax: 00967 1 402636 / 00967 1 219980 Email: g.manager@ysmo.org/ info@ysmo.org	YEMEN

71	**General Administration of Quarantines Department of Slaughterhouses Federal Ministry of Animal Resources and Fisheries Sudan** Khartoum South – Abu Hamama area P.O. Box: 293 Khartoum	**Dr. Ali Abdul Razaq Director of Exports Slaughterhouses** Tel: 00249 9127 77 320 Fax: 00249 1835 68 201 Email: aluhfi@hotmail.com	SUDAN
72	**The Ministry of Environment & Water of the United Arab Emirates**	**Embassy of the United Arab Emirates**	UAE
73	**Islamic Chamber Research & Information Center(ICRIC)**	**Mohsen Roohi-sefat First Counselor Embassy of the Islamic Republic of Iran** Tel: 03 - 4251 4824 Fax: 03 - 4253 2767 Website: www.HalalWorld.org	IRAN

LIST OF DELISTED CERTIFICATION BODIES

CHINA

No	Organization & Address	Contact	Halal Logo
1	Islamic Association of Henan No.9, Bosongl Road, Zhengzhou City, Henan, China 450000 (Delisted on: 6th February 2014)	Haji Yousif Liu BaoQia President Tel: +86 371 66200198 Mobil : + 86 130 1468 6907 Email: 2304897321@qq.com	

NEW ZEALAND

No	Organization & Address	Contact	Halal Logo
2	NZ Islamic Meat Management & NZ Islamic Processed Foods Management Level 1, 181 Willis Street Wellington, New Zealand (Delisted on: 6th February 2014)	Dr Haj Mohamed Samy Abdel-Al Tel: +64 4 385 2033 Fax: +64 4 472 1091 Email: admin@halal.co.nz/ halal@extra.co.nz	

/ 부록 2 / 할랄식품 - 생산, 준비, 처리와 저장에 관한 일반지침[1]

HALAL FOOD - PRODUCTION, PREPARATION, HANDLING AND STORAGE - GENERAL GUIDELINES (SECOND REVISION)

1. 범주
말레이시아 국가표준은 할랄식품(영양보충제 포함)의 준비와 처리에 있어서 실질적인 지침을 제공하며, 할랄식품의 거래와 사업에 기본적인 요구조건을 제시하는 역할을 담당한다.

2. 정의
2.1 샤리아법
2.1.1 샤리아법은 성인 무슬림의 행동에 관한 알라의 명령이다.
2.1.2 말레이시아 법률상 샤리아법은 샤피이, 말리키 한발리 하나피 종파 등의 법으로 연방 내에서 적용되며, 이슬람 당국이 승인한 파트와 또는 국왕이 승인한 법을 의미한다.

2.2 할랄
샤리아법에서 허용하는 물질이나 행동은 행위자에게 처벌없이 허용된다.

2.3 할랄식품
할랄식품은 다음과 같은 조건으로 허용된 음식과 음료 그리고 첨가물을 말한다.
  a) 샤리아법에서 비할랄로 규정된 동물 또는 샤리아법에 의해 도살되지 않은 동물의 부위나 제품을 포함하지 않아야 한다.
  b) 샤리아에서 규정된 나지스를 포함하지 않는다.

---

[1] 말레이시아에서 할랄과 관련된 가장 기본이 되는 MS 1500:2009 표준임.

c) 소비함에 있어 안전하고, 무독성, 무중독성, 무해하여야 한다.

d) 샤리아법에서 나지스로 오염된 장비로 준비, 처리 제조해서는 안 된다.

e) 샤리아법에서 허용하지 않은 인체의 부분이나 파생물을 함유해서는 안 된다.

f) 준비 제조, 가공, 처리 포장, 저장 및 또는 유통하는 경우에 위의 a) ~ e)에 명시된 기준을 충족시키지 못하거나 샤리아법에서 나지스로 규정된 식품과 물리적으로 격리해야 한다.

2.4 나지스

2.4.1 샤리아법상 나지스는 다음의 것들을 말한다.

a) 돼지와 개 또는 이들의 새끼

b) 비할랄에 오염된 할랄식품

c) 비할랄과 직접 접촉한 할랄식품

d) 오줌, 피, 토사물, 고름, 태반과 배설물 등 인간과 동물의 개구부(開口部)에서 나온 액체나 물질과 돼지나 개의 정액이나 난자[2](다른 동물의 경우에는 관계없음)

e) 상한 고기나 샤리아법을 따르지 않고 도축된 할랄 동물

f) 술과 술이 혼합되거나, 술을 함유한 음식과 음료

2.4.2 3가지의 나지스 유형

a) 무갈라자(Mughallazah)는 가장 심각한 나지스로서 개나 돼지의 개구부에서 나온 액체와 물질과 그 새끼 및 부산물이다.

b) 무카파파(Mukhaffafah)는 경도가 낮은 나지스이며, 여기에 포함되는 것은 단 한 가지로 다른 것은 먹지 않고 오직 모유만 먹은 두살

---

[2] 돼지와 개를 제외한 인간이나 동물의 젖, 정액 난자는 나지스가 아님.

이하의 남아의 오줌뿐이다.
c) 무타와씨타(Mutawassitah)는 중간정도의 나지스로 토사물, 고름, 피, 술, 상한 고기, 개구부에서 나온 액체나 물질을 말한다.

2.5 도살
샤리아법에 의한 도살은 기관, 식도 및 경동맥과 경정맥을 잘라 빠르게 출혈과 죽음에 이르도록 하는 것이다.

2.6 관할당국
관할당국이란 규정된 요건에 따라 특정업무를 수행하기 위한 권한을 지닌 기관을 말한다.[3]

2.7 구역(premise)
할랄식품의 준비, 도축, 처리, 취급, 포장, 저장, 유통 및 판매와 관련되어 사용되는 건축물이 있는 토지와 인접 토지를 말한다.

3. 요구조건
3.1 경영자책임
3.1.1 경영자는 무슬림 할랄관리자를 지정하거나 무슬림으로 구성된 위원회를 설치하여 내부적으로 할랄관리체계를 효과적으로 실행하도록 한다.

3.1.2 경영자는 관리자나 위원회 구성원에게 할랄원칙과 실무적용방법에 대하여 교육해야 한다.

3.1.3 경영진은 할랄관리체계를 실행하기 위해 인력, 시설 및 인프라 등 경영자원을 충분히 확보해야 한다.

---

[3] 말레이시아에는 이슬람 관련업무, 할랄인증, 동물건강, 공중보건, 식품안전 등과 관련하여 각각 분야를 담당하는 다양한 관련기관이 있음.

3.2 구역

구역은 제품의 처리과정에서 오염위험을 통제할 수 있도록 설계, 건축되어야 하며, 의도하는 목적에 적합해야 한다.

3.2.1 구역은 작업 중에 교차오염위험을 방지하고 해충의 침입을 방지하도록 하기 위해 적절한 처리절차, 적절한 교대절차 및 양호한 위생상태를 유지하도록 배치하여야 한다.

3.2.2 원료의 수령에서 완제품까지 제품의 가공과정에서 교차오염위험을 방지해야 한다.

3.2.3 구역은 청소하기 편하게 설계되고, 식품위생과 관련된 감독이 수월하도록 설계되어야 한다.

3.2.4 적절한 위생설비가 제공되어야 하며 유지되어야 한다.

3.2.5 상하기 쉬운 제품을 효과적으로 운반할 수 있도록 상하차시설을 설계하여야 한다.

3.2.6 구역은 해충의 접근을 차단하고, 해충의 번식처가 되지 않도록 양호한 상태를 유지하여야 한다.

3.2.7 구역은 직원이나 장비를 통해 교차오염이 되지 않도록 돈사나 돼지가 공시설로부터 격리시켜야 한다.

3.2.8 도살장 또는 처리시설은 할랄전용의 도살 및 처리시설이어야 한다.

3.2.9 뼈 제거, 절단, 포장 및 저장 작업은 도살장에서 이루어지도록 하거나 본 표준에 부합하고 관할당국이 허가한 구역에서 이루어져야 한다.

3.3 장치, 도구, 기계 및 처리기구

3.3.1 할랄식품에 사용되는 장치, 도구, 기계 및 처리도구 등을 세척이 쉽게 만들어져야 하며, 샤리아법에 의해 나지스로 판명된 것을 처리하지 않고 오로지 할랄식품에만 사용해야 한다.

3.3.2 위의 기구들이 나지스(무갈라자)를 처리한 것이라면 샤리아법에 따라 세척하고 의례에 따라 정화해야 한다.

3.3.3 나지스(무갈라자) 제조라인을 할랄 제조라인으로 변경하기 위해서는 라인을 세척하고, 의례에 따라 정화조치를 행하여야 한다. 이러한 절차는 관할당국의 감독을 받고 인증을 받아야 한다. 변경 후에는 할랄 제품만을 생산해야 한다. 반복적으로 제조라인을 나지스에서 할랄로 또는 할랄에서 나지스로 전환할 수는 없다.

3.4 위생 및 식품안전

3.4.1 위생과 식품안전은 할랄식품 준비에 전제조건이며 여기에는 개인위생, 작업복, 장치, 도구, 기계 등 여러 가지가 포함되며 식품의 가공, 제조 및 저장구역도 포함된다.

3.4.2 할랄식품제조업자들은 다음을 실행하여야 한다.

    a) 원재료, 포장재료의 검사 및 분류

    b) 효율적인 쓰레기 관리

    c) 위해 화합물의 적절한 보관과 할랄식품과의 격리

    d) 플라스틱, 유리, 기계의 금속파편, 위해가스 또는 연기 등과 불필요한 화합물로부터 오염을 방지

    e) 허용된 첨가물이라도 과도한 사용을 방지
       제조와 가공시에 필요한 경우, 적절한 탐지장치 또는 선별장치가 사용되어야 한다.

3.4.3 할랄식품은 GHP, GMP[4], MS1514[5] 또는 MS1480[6]의 기준에 맞추어 허가된 구역에서 위생적으로 가공, 포장 유통되어야 한다.

3.5 할랄식품의 가공

3.5.1 할랄 식음료의 재료

---

[4] GHP Good Hygiene Practices, GMP Good Manufacturing Practices의 약어임.
[5] MS 1514는 Malaysian Standard of GMP임.
[6] MS 1480은 Food safety according to HACCP임.

3.5.1.1 동물

3.5.1.1.1 육상동물: 다음의 것을 제외하고는 모두 할랄이다.

    a) 샤리아법에 따르지 않고 도살된 동물

    b) 돼지, 개 및 그 새끼(무갈라자)

    c) 날카로운 송곳니를 가진 육식동물(사자, 곰, 코끼리, 원숭이, 고양이, 원숭이 등)

    d) 육식조류(독수리, 부엉이 등)

    e) 독이 있거나 병균을 옮기는 동물(쥐, 바퀴벌레, 지네, 전갈, 뱀, 사냥벌)

3.5.1.1.2 수생동물

수생동물이란 물속에서만 생존하는 것을 말한다. 독이 있거나 중독적인 것과 몸에 해로운 것을 제외하고는 모두 할랄이다. 그러나 육지와 수중에서 살 수 있는 악어, 거북 개구리는 할랄이 아니다. 나지스 상태에서 살거나 지속적으로 나지스 사료를 먹고 자란 수생동물은 할랄이 아니다.

3.5.1.2 식물

모든 식물과 식품제품 및 파생제품은 무독, 무중독, 무해한 경우에는 할랄이다.

3.5.1.3 버섯과 미생물

모든 종류의 버섯과 미생물(세균, 조류, 곰팡이)은 무독, 무중독, 무해한 경우에 할랄이다.

3.5.1.4 천연광물과 화합물

모든 천연광물과 화합물은 무독, 무중독, 무해한 경우에 할랄이다.

3.5.1.5 음료
모든 종류의 물과 음료는 무독, 무중독, 무해한 경우에 할랄이다.

3.5.1.6 유전자조작 식품(GMF, Geneticaly Modified Food)
유전자조작에 의한 물질을 포함한 식음료와 비할랄 동물의 유전물질을 사용한 경우 할랄이 아니다.

3.5.1.7 위험한 수생동물과 식물이라도 샤리아법에 따른 처리과정에서 독이 제거된다면 할랄이다.

3.5.2 도축처리과정

3.5.2.1 도축과정은 샤리아법에 따라 동물복지를 고려해야 하며 다음의 규정에 따라야 한다.
    a) 정신적으로 건강하고, 이슬람에서 동물의 도축에 관한 기본원칙과 조건을 완전히 이해하고 있는 무슬림이 도축을 해야 한다.
    b) 도축자는 관할관청이 발행하는 할랄도축 자격증을 소지하여야 한다.
    c) 도축자는 다른 목적을 지녀서는 안되고, 알라의 명에 따른다는 의식(니야, niyyah)을 갖고 도축해야 한다.
    d) 도축되는 동물은 반드시 할랄이어야 한다.
    e) 도축되는 동물은 살아 있거나 살아있다고 간주된 상태여야 한다.
    f) 도축되는 동물은 건강해야 하며, 관할당국의 승인을 받아야 한다.
    g) 도축 전에 종교적 기원(타스미야, tasmiyyah)[7]을 해야 한다.
    h) 가능한 키블라메카를 향하도록 한다.
    i) 도축처리 라인, 도구 및 비품은 할랄 도축 전용이어야 한다.
    j) 도축용 칼은 예리해야 하며, 피나 기타 불순물이 묻지 않아야 한다.
    k) 도축은 단번에 이루어져야 하지만, 칼이 떨어지지 않을 경우에는

---

7 종교적 기원의 말로 "비스밀라(신의 이름으로)"를 연호한다.

톱질과 같은 행위는 용납될 수 있다.

l) 뼈나 손톱이나 이빨 등으로 도축을 하여서는 안 된다.

m) 도축처리는 목젓의 바로 아래 부분을 절개함으로써 시작한다.

n) 도축은 기관, 식도, 경동맥 및 경정맥을 절개하여 빠른 출혈로 바로 죽음에 이르게 하되, 출혈은 마지막까지 자연적으로 흐르게 하여야 한다.

o) 훈련받은 무슬림 검사관이 샤리아법에 의해 도축되었는지 확인할 수 있도록 해야 한다.

3.5.2.2 가금류는 할랄식 도살로 죽었다고 간주될 때에만 (털제거를 위한) 온수처리를 할 수 있다.

3.5.3 가공, 취급, 유통 및 제공

모든 할랄가공식품은 다음의 요건을 구비해야 한다.

a) 샤리아법에 정한 비할랄 동물을 사용하거나 샤리아법과 달리 도살된 것을 포함하면 안 된다.

b) 나지스를 사용하거나 소량이라도 사용해서는 안 된다.

c) 가공된 식품은 소비하기에 안전하고 무독, 무중독, 무해한 것이어야 한다.

d) 식품은 나지스에 오염이 안된 장비나 시설을 사용하여 제조되어야 한다.

e) 위의 조건을 충족시키지 못하는 나지스로부터 물리적으로 격리하여 준비, 가공, 취급, 포장, 저장 및 유통이 되도록 한다.

3.6 저장, 수송, 전시, 판매 및 할랄식품 제공

3.6.1 저장, 수송, 전시, 판매 및 제공되는 모든 할랄식품은 비할랄 제품과 섞이거나 오염되지 않도록 각각의 단계별로 분류하고 표식을 해야 한다.

3.6.2 무갈라자에 해당하는 나지스 제품은 전용 장소에 보관한다.

3.6.3 보세운송트럭과 같은 수송차량은 할랄식품전용으로 해야하며, 위생

및 보건기준을 충족해야 한다.

3.7 포장, 라벨링 및 광고

3.7.1 할랄식품음 그에 맞게 포장하고, 포장재료는 할랄이어야하며 다음조건을 충족시켜야 한다.

    a) 포장재는 나지스인 원료로 만들어서는 안 된다.

    b) 나지스로 오염된 장비로 제조하거나 가공해서는 안 된다.

    c) 위의 조건을 충족시키지 못하거나 나지스인 것으로부터 격리시켜야 한다.

    d) 포장재가 할랄음식에 독성작용을 해서는 안 된다.

    e) 포장디자인, 표시, 심벌, 로고, 이름과 그림이 샤리아법의 원칙에 위배되거나 오해를 불러일으켜서는 안 된다.

3.7.2 포장과정이 위생적으로 청결한 환경에서 이루어져야 한다.

3.7.3 제품에 직접 붙이는 라벨링은 무해한 것으로 할랄이어야 한다.

3.7.4 할랄식품과 할랄 인공향료는 비할랄제품인 햄, 바쿠테, 베이컨, 맥주 럼과 같은 하람제품 명칭과 유사하게 이름을 지어서는 안 된다.

3.7.5 용기는 읽기 쉽고 지워지지 않게 표시하여 부착하고 아래의 정보를 표시한다.

    a) 제품명

    b) 미터법으로 표시된 순 함유량

    c) 제조업자, 수입업자 또는 유통업자의 이름과 주소, 상표

    d) 첨가제 목록

    e) 제조일자와 유통기한의 표시

    f) 원산지

3.7.6 1차 육가공제품에는 다음의 정보를 포함한 라벨과 마크를 부착한다.

    a) 도축일

    b) 가공일

3.7.7 광고는 샤리아법의 원칙에 위배되지 않아야 하며, 천박한 표현을 써서는 안 된다.

3.8 법률적 요건
제품은 말레이시아에 적용되고 있는 요건에 합당하고 합법적이어야 한다.

4. 준수
본 표준에 합치하기 위해서는 3조의 표준을 반드시 준수해야 하며, 관할 당국은 현장조사를 통해서 이를 검증할 수 있다.

5. 할랄인증서
할랄인증서는 말레이시아의 관할 당국이 발행한다.

6. 할랄인증마크
본 표준의 요구조건과 일제품이 일치한다는 것을 말레이시아 관할당국의 승인하는 즉시 각 제품에 대한 마크를 부착할 수 있다.

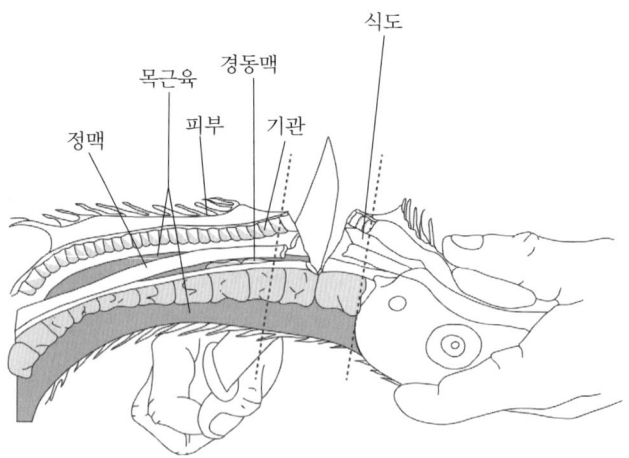

/ 그림 1 / 가금류의 도계방법

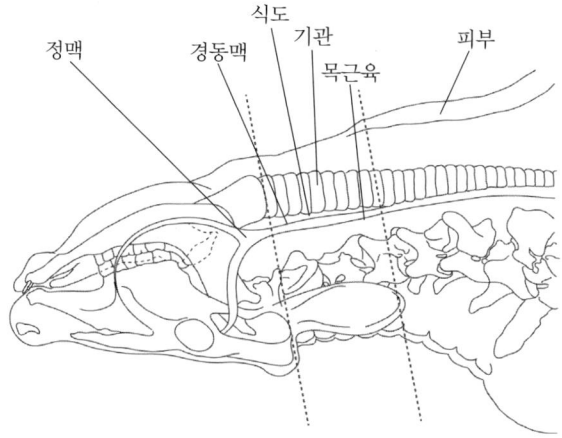

/ **그림 2** / 가축류의 도축위치

/ **부록 3** / FAO의 '할랄' 용어 사용에 관한 일반지침[1]

GENERAL GUIDELINES FOR USE OF THE TERM "HALAL"

1. 범위

1.1 본 지침은 식품에 있어서 '할랄' 라벨을 사용하는데 필요한 수단을 제공하기 위함이다.

1.2 본 지침은 할랄이라는 용어의 사용에 적용되며, 포장음식의 라벨링에 대한 일반지침으로서의 역할을 하며, 상표, 상표명, 회사명을 사용하는데도 적용된다.

1.3 본 지침은 국제식품규격위원회(CODEX)[2]의 보완적 지침이며, 해당 지침에서 금지하는 것을 허용할 수 없다.

2. 정의

2.1 할랄식품은 이슬람법에 허용된 식품을 말하며, 다음의 조건을 충족해야 한다.

2.1.1 이슬람법에서 불법으로 간주되는 어떤 것도 포함해서는 안 된다.

2.1.2 이슬람법에서 불법으로 간주되는 수단이나 시설로 준비, 가공, 수송 및 저장되어서는 안 된다.

2.1.3 위의 2가지 규정에 어긋나는 어떤 식품과도 직접적인 접촉을 통해 준비, 가공, 수송 및 저장되어서는 안 된다.

---

[1] FAO가 발간한 'Guidelines for Humane Handling, Transport and Slaughter of Livestock(Rap Publication 2001/4)'의 제7장에 기술된 내용이다.

[2] UN의 식량농업기구FAO, Food and Agriculture Organization와 세계보건기구WHO, World Health Organization가 공동으로 1961년 설립 안을 발의하여 1962년에 설립한 위원회로서 보통 CODEX라 칭한다. Codex Alimentarius란 식품법Food Code이란 뜻으로 Codex에서 정한 모든 식품규격, 실행규범, 가이드라인, 권고사항이 이에 해당된다. (참조: http://www.codexalimentarius.net)

2.2 조항의 예외

2.2.1 할랄식품은 비할랄식품과 접촉을 방지하는데 필요한 수단이 마련되어 있다면 같은 장소에서라도 서로 다른 구역과 라인에서 준비, 가공, 저장할 수 있다.

2.2.2 비할랄 식품을 제조한 시설이라도 이슬람법에 따라 적절히 세척과정이 이루어진다면 해당 시설로 할랄식품을 준비, 가공, 수송 및 저장될 수 있다.

3. '할랄' 용어의 사용기준

3.1 합법적 식품

할랄이란 용어는 합법적이라 간주되는 식품에 사용된다. 이슬람법에서 모든 종류의 식품은 합법적이지만 다음과 같은 불법적으로 간주되는 상품이나 그 파생물을 포함하지 않아야 한다.

3.1.1 동물성 식품

    (a) 돼지

    (b) 개, 뱀, 원숭이

    (c) 사자, 호랑이, 곰 같이 송곳니와 발톱을 가진 육식동물

    (d) 독수리 같이 날카로운 발톱으로 먹이활동을 하는 조류

    (e) 쥐, 지네, 전갈 등 유해동물

    (f) 이슬람법에서 살생을 금지하는 동물(개미, 벌, 딱따구리)

    (g) 벼룩, 파리, 구더기 등 혐오동물

    (h) 개구리, 악어 등 양서류 동물

    (i) 노새와 가축용 당나귀

    (j) 독이 있거나 유해한 모든 수생동물

    (k) 이슬람법에 따라 도살되지 않은 모든 동물

    (l) 피

3.1.2 식물성 식품
가공과정에서 독이나 위험요소가 제거되지 않은 독성 또는 중독성 식물

3.1.3 음료
    (a) 알코올성 음료
    (b) 중독성이 있거나 위험한 모든 음료

3.1.4 식품첨가제
위의 동물성 식품, 식물성 식품 및 음료에서 파생된 모든 식품첨가제

3.2 도축방법
모든 할랄인 육상동물은 CODEX에서 권장하는 신선육의 위생처리지침을 준수하고 다음의 조건을 충족시킨다.
3.2.1 도축인은 이슬람의 도축절차를 이해하고 있는 정신적으로 건강한 무슬림이어야 한다.
3.2.2 도축되는 동물은 이슬람법에 합법적인 것이어야 한다.
3.2.3 도축되는 동물은 도축전이나 도축시에 살아 있어야 한다.
3.2.4 도축 직전에 "비스밀라(Bismillah, 신의 이름으로)"라고 기원해야 한다.
3.2.5 도축장비는 살카롭고 도축시에 동물의 몸에서 떨어져서는 안 된다.
3.2.6 도축행위시 목부분의 기관, 식도, 대동맥 및 대정맥을 절단해야 한다.

3.3. 준비, 가공, 포장, 수송 및 저장
모든 식품은 상기 2.1 및 2.2 조문에 부합하며, CODEX 식품위생기준과 해당 CODEX 표준에 맞게 준비, 가공, 포장, 수송 및 저장되어야 한다.

4. 라벨링의 요구조건

4.1 식품이 할랄임이 분명한 경우에 할랄 또는 그에 상응하는 용어를 라벨에 부착할 수 있다.

4.2 CODEX 일반지침에 따라, 할랄인증이 다른 유사식품의 안전성에 의심을 품게 하거나, 할랄인증식품이 다른 식품보다 영양학적으로 우월하거나, 건강에 더 좋다는 식으로 사용해서는 안 된다.

/ **부록 4** / 인도네시아 할랄 가이드라인[1]

A. 서언
쿠란과 파트와에 대한 무이(MUI)의 할랄과 하람에 대한 기준을 제시한다.

이슬람법원(法源)은 다음과 같다.
1. 쿠란(이슬람 경전)
2. 하디스(언행록)
3. 이즈마(합의)
4. 키야스(유추)
5. 파트와(해석)

B. 할랄과 하람의 의미
1. 할랄은 식품의 경우 쿠란이나 하디스에서 명백히 명시된 경우를 제외한 것을 말한다.
2. 하람은 신이 금지한 것을 말하며, 이를 무시하는 경우 신의 벌을 받게 되며, 이슬람의 실정법에 저촉될 수도 있다.

C. 할랄과 하람에 관한 원칙
1. 명백히 금지되지 않은 것은 할랄임.
2. 오로지 신만이 규율할 수 있음.
3. 할랄을 금기하거나 하람을 허용하는 것은 위법임.
4. 하람은 나쁘거나 위험한 것과 연관됨.
5. 하람을 대체할 할 수 있는 더좋은 할랄제품이 있음.

---

1 인도네시아의 HAS Halal Assurance System에 의한 가이드라인임.

6. 하람으로 이끄는 물품은 하람임.
7. 하람인 것이 명확하다면 할랄도 하람이 됨.
8. 좋은 의도라고 하더라도 하람을 해서는 안 됨.
9. 할랄과 하람이 불명하면 스스로 피할 것
10. 극한 상황에서는 허용할 만큼의 범위 내라면 하람도 허용가능

D. 쿠란의 할랄과 하람규정

쿠란 2:168　사람들이여, 지상에 있는 허용된 좋은 것을 먹되, 사탄의 발자국을 따르지 말라. 그는 너희들의 적이니라.

쿠란 2:172~173　하나님이 너희에게 부여한 양식중에서 좋은 것만을 먹되 하나님께 감사하고 그 분만을 경배하라. 죽은 고기와 피와 돼지고기를 먹지 말라. 또한 하나님의 이름으로 도살되지 아니한 고기도 먹지 말라.

쿠란 6:145　말씀으로 게시받은 것 가운데서 죽은 고기와 피와 돼지고기와 하나님의 이름으로 도살되지 아니한 고기를 제외하고는 먹고자 하는 자가 먹지 못하도록 금지된 것을 발견하지 아니했노라. 그러나 필요하여 또는 알지 못하여 금지된 것을 먹었을 경우에는 죄악이 아니거늘 실로 하나님은 너그러우시고 자비로우시니다.

쿠란 5:3절　너희에게 허락되지 아니한 것이 있으니 죽은 고기와 피와 돼지고기와 하나님의 이름으로 잡은 고기가 아닌 것, 목 졸라 죽인 것과 때려서 잡은 것과 떨어져서 죽은 것과 서로 싸워서 죽은 것과 다른 야생이 일부를 먹어버린 나머지와 우상에 제물로 바쳤던 것과 화살에 점성을 걸고 잡은 것이니거늘 이것들은 불결한 것들이라.

쿠란 5:90~91　술과 도박과 우상숭배와 점술은 사탄이 행하는 불결한 것들이거늘 그것들을 피하라. 사탄은 술과 도박으로서 너희 가운데 원한과 증오를 유발시키며 하나님을 염원하고 예배하려 함을 방해하려 하노라.

쿠란 5:96　바다의 사냥과 그 음식은 허락되노라. 이는 너희와 여행자들을

위한 것이며 육지의 사냥은 너희에게 금하노니 이때는 너희가 순례중일 때라. 하나님을 두려워하라. 너희는 그분에게로 모이게 되니라.

쿠란 7:157 그분은 그들에게 옳은 것을 명령하였고 그릇된 것을 금기하였다.

E. 제조과정의 물질에 대한 파트와(No. 4/003)

1. 술(Khmar)
   - 알코올음료를 포함하여 취하게 하는 모든 것
   - 에타놀이 1%이상 포함된 것
   - 술로 분류된 음료는 나지스임.
   - 발효과정 중에 에타놀이 1% 미만인 음료는 술은 아니지만 소비에 있어서는 하람임.

2. 에타놀
   - 주류업에서 생산되지 않은 순수 에타놀은 나지스가 아님.
   - 주류업에서 생산되지 않은 순수 에타놀은 최종제품에 검출되지 않으면 허용(Mubah)하며, 검출되는 경우에는 하람임.

3. 주류업종의 제품
   - 주류업에서 생산된 퓨젤유[2]는 하람이며 나지스임.
   - 주류업 이외에서 생산된 퓨젤유는 할랄이며 나지스가 아님.
   - 주류업에서 퓨젤유에서 추출된 물질은 하람임.
   - 주류업에서 추출된 경우라도 화학적 반응에 의한 새로운 합성물은 할랄임.
   - 식초는 할랄임.

---

[2] 알코올 발효 때 에틸알코올과 함께 생기는 고급알코올의 혼합물을 말한다.

- 주류에서 분리된 효소는 할랄임.

4. 하람을 모방한 향신료
   - 술맛이나 돼지고기 등 하람인 제품명을 사용하거나 제품의 맛을 내게 하는 향신료는 할랄인증를 받을 수 없음.

5. 미생물
   - 할랄제품을 만드는 미생물은 할랄이며 그렇지 않으면 하람임.
   - 배양과정에서 하람과 나지스 물질을 사용하는 경우 하람임.
   - 배양과정에서 비할랄로 배양되는 미생물을 포함하면 하람임.

6. 생산설비의 공유
   - 돼지를 포함한 제품의 생산에 사용된 설비는 물로 7번 세척하되 그중 한번은 흙이나 유사한 세척력을 지닌 물질로 닦아야 함.
   - 돼지와 그 외의 제품을 교대로 사용해서는 안됨.

F. 주요 물질에 대한 사례
1. 고기
   - 할랄동물의 고기도 이슬람법에 의해 도살되지 않는 경우 하람이 되며 다음과 같은 도살처리되어야 함.
     1) 도살인은 매일 이슬람예배를 드리는 성실한 무슬림일 것
     2) 도살전 기절과정에서 동물이 죽지 않도록 할 것
     3) 칼은 날카로울 것
     4) 피를 완전히 제거하고, 동물이 완전히 죽은후 처리할 것

   - 수입육은 다음의 서류나 조건을 구비할 것
     1) LPPOM MIUI의 할랄인증서

2) 선적서류나 건강증명서와 같은 증명서류

3) 할랄인증서는 다른 서류와 일치할 것

4) 포장이나 라벨 등이 서류와 일치할 것

5) 서류상의 로트번호나 공장번호, 도살일시 등이 정확할 것

2. 동물 추출물
   - 이슬람법에 따라 도살된 할랄 동물에서 추출된 것은 할랄이지만, 피나 하람·나지스 물질로 오염된 추출물은 하람이며, 동물 추출물의 예는 다음과 같음.

   1) 지방
   2) 단백질
   3) 젤라틴
   4) 콜라겐
   5) 지방산
   6) 소금과 지방산 에스테르
   7) 글리세린
   8) 아미노산
   9) 식용 뼈 인산염
   10) 규산 이석회/삼석회
   11) 혈장
   12) 피브리노겐
   13) 글로블린 응축제
   14) 미생물 배양체
   15) 호르몬(예: 인슐린)
   16) 췌장효소(아밀라제, 리파아제, 펩신, 트립신)
   17) 타우린
   18) 태반

19) 유제품(예: 치즈, 유장, 젖당, 카세인)
20) 비타민(예: A, B6, D, E)
21) 활성탄
22) 직모(Bristle)

3. 식물
   - 식물은 기본적으로 할랄이지만 할랄이 아닌 첨가제나 처리제로 가공되면 할랄이 아님. 따라서 제조공정, 첨가제, 처리제 등을 확인할 필요가 있으며 다음과 같은 점을 고려한다.
     1) 밀가루는 비타민 B1, B2 또는 포레이트산을 첨가할 수 있음.
     2) 대두 레시틴은 포스폴리파아제를 사용할 수 있음.
     3) 가수분해시 효소를 사용하여 HVP를 생산할 수 있음.

4. 알코올
   - 알코올 음료산업에서 생산된 것은 하람이지만 화학적으로 새로운 합성물질이 생성되는 경우 할랄이며, 합성물질로 다음과 같은 예가 있다.
     1) 꼬냑유
     2) 퓨젤유
     3) 발효 효모(맥주산업)
     4) 타르타르산

5. 미생물제품
   - 다음과 같은 상태는 하람임.
     1) 술과 그 부산물
     2) 하람으로부터 만들어진 효모를 사용
     3) 하람인 물질을 사용
     4) 생산과정에서 하람 첨가제나 처리제 사용

5) 하람물질의 유전자조작

6. 기타 추출물
　　1) 아스파틱산
　　2) 천연색소
　　3) 향료
　　4) 조미료
　　5) 비타민 코팅
　　6) 유화제 및 안정제
　　7) 소포제(antifoams)

/ 부록 5 / 무슬림 우호적 서비스의 요구조건[1]

Muslim friendly hospitality services - Requirements

1. 범주

1.1 본 표준은 무슬림 관광객을 위한 숙박시설, 관광패키지 및 관광가이드 등을 운영함에 있어 필요한 조건과 안내지침을 제공한다.

1.2 본 표준의 모든 요구조건을 1.1에서 규정된 3가지 특정 부문에서 무슬림 우호적인 관광상품을 운영하는 개인이나 기업에 적용하기 위함이다.

1.3 본 표준은 스파나 마사지 또는 찜질 요법을 사용하는 시설에서는 적용되지 않는다.

2. 규범적 참조

본 규정을 적용함에 있어 아래의 법규정을 기준으로 한다. 아래 법들이 개정되거나 새로운 규준이 제정되면 최신 규준을 따른다.

> MS 1500(할랄식품)
> Tourism Industry Act 1992(Act 482)

3. 용어의 정의

본 규정의 목적상 MS 2393(이슬람 원칙과 할랄)과 MS 1900(품질관리시스템) 및 본 표준의 정의를 다음과 같이 한다.

---

[1] 말레이시아 표준 MS 3600:2015(Muslim friendly hospitality services – Requirements)에 따름.

3.1 숙박시설
호텔, 인, 합숙시설, 홈스테이 등의 모든 빌딩은 주인이나 관리인이 전부 또는 일부를 소유하면서 대가를 받고 여행객에게 숙박을 제공하는 것이며, 식사에 제공여부는 따지지 않는다.

3.2 쿠란
이슬람법의 일차 법원(法源)으로 천사 가브리엘을 통해 예언자 무함마드에게 알라가 제시하신 말씀을 담은 이슬람 성전(性典)

3.3 단식(斷食)
이슬람의 5주 가운데 3번째인 단식이다. 무슬림은 라마단기간 중에 일출부터 일몰까지 단식기간 중 분노 혹은 중독과 같은 부정적 감정이나 욕망을 조장할 행위 등을 금지하며, 또한 취식, 흡연과 성행위를 금하여야 한다. 라마단은 회교력으로 성스러운 달로 무슬림은 일출부터 일몰까지 의무적으로 단식을 해야 한다.

3.4 할랄
이슬람에서 법적으로 허용된 행위 또는 제품을 말하며 그 반대가 하람이다.

3.5 이프타르(iftar)
이프타르는 무슬림이 단식을 마치고 일몰 후 먹는 음식이다.

3.6 키블랏(kiblat)
메카의 카아바 신전으로 기도의 방향이다.

3.7 면허소지 관광가이드
금전을 대가로 관광객 또는 일단의 사람들에게 안내를 해주는 사람으로 관광산업법(Tourism Industry Act, 199)의 면허를 소지해야 한다.

3.8 무칼라프(mukallaf)
사춘기에 이르러 온전한 정신을 갖고 샤리아의 규정을 따르며 이슬람의 계시를 따라야 하는 성인(成人)

3.9 기도처(무살라, musalla)
예배를 위한 장소, 공간 또는 방을 말한다.

3.10 무슬림 우호 서비스(MFHS)
관광 또는 여행업에서 샤리아법에 따라 무슬림관광객에게 적합한 관광상품 및 서비스를 제공하는 것을 말한다.

3.11 사짜다(sajjda)
예배를 행할 때 무슬림이 사용하는 깔개이다.(대략 70×120cm)

3.12 오락
여흥시간에 행하는 사회적 문화적 활동과 스포츠 기타 활동을 말한다.

3.13 오락시설
레크리에이션 활동을 위한 공공시설 또는 사유시설을 말한다.

3.14 사후르(sahur)
단식기간 중 일출 전에 무슬림이 먹는 음식을 말한다.

3.15 예배(solah)
이슬람 5주 가장 제일 중요한 것으로 하루에 5번의 예배를 드려야 한다.

3.16 샤리아

현세와 내세에서 행복한 삶을 갖도록 하기 위한 알라의 모든 명령을 말한다.

3.17 투어패키지

어떤 광고수단을 동원하든지를 불문하고 공적으로 판매되는 관광상품을 말하여 아래의 예시 중 2가지 이상을 포함한다.
    a) 항공, 버스, 페리, 철도, 크루즈 등의 여객운송
    b) 숙박
    c) 기타 관광서비스

3.18 여행대리점

여행대리점은 관광산업법에 따라 허가를 받고 여행대리업을 행하는 기업으로 수수료를 받고 말레이시아 국내외에 육상, 해상 및 항공편 호텔숙박 및 여행관련 서비스를 제공한다.

3.19 우두(Wudhu)

예배를 드리기에 앞서 물로서 깨끗이 닦고 단정하게 신체의 특정 부위를 씻는 것을 말한다.

3.20 우두 시설

우두를 행하는 남자와 여자를 위해 특별히 마련된 적합한 시설을 말한다.

4. 일반적 요구조건

4.1 경영자의 책임

4.1.1 경영자는 무슬림 우호적 서비스(MFHS) 측면에서 다음과 같은 것에 대해 리더십과 구체적 실천을 해야 한다.
    a) 무슬림 우호적 서비스정책의 확립하고 목표를 세움

b) 기업활동에 MFHS의 요구조건을 반영
c) MFHS가 가능하도록 모든 경영자원을 확보
d) MFHS경영의 중요성을 교류
e) 의도된 결과를 성취하도록 MFHS 관리체계의 확립
f) MFHS 관리체계를 효율적으로 추진할 직원의 지도 감독
g) MFHS의 지속적 발전을 도모
h) 각각 개별 관리자들이 해당 영역에서 리더십을 발휘하도록 지원

4.1.2 경영진은 다음의 MFHS 정책을 수립
    a) 조직 목표의 적합성
    b) MFHS 목표 수립의 프레임워크 마련
    c) 적용가능한 실행계획수립
    d) MFHS의 지속적인 개선방안 수립

4.1.3 MFHS 정책 포함내용
    a) 문서화된 정보
    b) 조직 내에서의 커뮤니케이션
    c) 적절한 관련 당사자의 적용가능성

4.1.4 경영진은 해당 부서에게 적합한 역할과 책임을 부여하고 조직 내에서 서로 교류할 수 있도록 한다.

4.1.5 경영진은 다음과 같은 부문에서 책임과 권한을 부여한다.
    a) 본 표준의 요구조건에 부합하는 MFHS 관리체계를 확립
    b) MFHS 관리체계의 성과를 경영진에게 보고하도록 함

4.1.6 경영진은 훈련받은 무슬림을 고용하고 그로 하여금 MFHS를 효율적

으로 수행할 권한과 책임을 부여한다.

4.1.7 경영진은 조직의 모든 부서가 MFHS와 일치되도록 참여하고 실행하도록 해야한다.

4.2 인사관리와 책무

4.2.1 조직은 다음과 같이 인사관리를 시행한다.
    a) MFHS 실행에 적합한 능력의 인사의 배치
    b) MFHS에 적합한 교육, 훈련 및 경험자의 선발
    c) MFHS에 적합한 능력의 배양
    d) 능력을 구비했다는 적합한 증빙의 취득

4.2.2 기업의 통제하의 직원은 다음을 인식하고 있어야 한다.
    a) MFHS 정책
    b) MFHS 관리체계의 효율화에 대한 기여
    c) MFHS에 불일치할 경우 발생할 사건

기업은 차별없는 근로환경을 제공하되, 종업원은 종교적 의무를 빌미로 어떠한 타협을 해서도 안 된다.

4.3 MFHS 관리체계

기업은 MFHS를 수립, 실행 유지 및 보완해야 한다.

4.4. 훈련

4.4.1 기업은 MFHS와 관련된 일을 하는 모든 직원에게 훈련을 실시해야 한다.

4.4.2 MFHS담당 무슬림은 무슬림 관련 기관의 훈련을 받아야 한다.

4.4.3 훈련은 지속적으로 시행하며 정기적으로 훈련효과를 평가한다. 훈련

프로그램은 MFHS위원회 또는 MFHS 최고책임자의 승인을 받아야
한다.

4.5 문서화와 보관

4.5.1 기업은 통제를 하기 위해 문서화된 절차를 수립하고 여기에는 식별번호, 저장, 보관, 복구, 보존기간 및 처리결과 등을 기록한다.

4.5.2 기업은 쿠란 구절이 포함된 문서의 배치, 저장 및 취급을 적절히 관리해야 한다.

4.5.3 필요한 경우 샤리아에 따라 쿠란 구절이 담긴 문서의 파기하는 방법을 규정한다.

4.5.4 문서들은 독해가능하거나 쉽게 확인하고 재생할 수 있어야 한다.

4.6 커뮤니케이션

4.6.1 경영진은 기업 내에 적합한 커뮤니케이션 경로를 확보하되, 이는 샤리아법과 MFHS의 기준에 따라야 한다.

4.6.2 기업내외부에 MFHS 관리체계에 맞춰 정보교환 해야 할 것이 무엇이고 언제 누구랑 할 것인지 결정하여야 한다.

4.6.3 기업은 모든 해당 직원과 관련 기업에게 HFHS 관리체계를 완전히 숙지시켜야 한다.

4.6.4 기업은 고객과 다음과 같은 부문에서 정보교환이 효과적으로 수행되도록 한다.

    a) 제품/서비스에 대한 진실되고 타당한 정보

    b) 무슬림고객이 제품을 구매결정하도록 최신의 무슬림 우호적 상품 및 서비스 목록의 제공

    c) 고객 불평불만을 포함하여 고객의 피드백

5. 특별 요구조건

5.1 일반사항
특별 요구조건은 숙박시설, 관광패키지 및 관광가이드에 적용되며, 각각은 아래 5.2, 5.3 및 5.4에 규정한다.

5.2 숙박시설
숙박시설은 본 규정의 요구조건에 부합하여야 한다. 기업은 비할랄 동물이 숙박시설 내에 머물지 못하도록 해야 한다. 무갈라자에 시설이 오염된다면, MS1500 규정에 따라 종교적 세척과정을 거쳐야 한다.

5.2.1 객실
5.2.1.1 기업은 객실이 무슬림 고객에게 다음의 조건에 한정하지 않고 적합하게 유지되어야 한다.
    a) 객실은 항상 깨끗하게 잘 관리한다.
    b) 관련당국이 검사한 정확한 키블라(기도방향)을 표시한다.
    c) 무슬림 관광객이 예배를 드릴 적절한 바닥면적을 제공한다.
    d) 화장실에는 비데와 비고정식 샤워 또는 호스를 설치한다.
    e) 화장실 바닥을 깨끗하게 관리되어야 한다.
    f) 개인 관리시설이나 화장품용품은 무슬림이 사용하기 적합해야 한다.
    g) 알코올 음료와 중독성물질은 객실 냉장고에 저장하지 않는다.

5.2.1.2 다음의 조건에 한정하지 않고 물품을 구비한다.
    a) 기도방석(sajjda)을 구비하거나 요청 시 제공한다.
    b) 여성무슬림을 위한 기도복을 구비하거나 요청시 제공한다.
    c) 객실에 기도시간을 통보하거나 요청 시 통보해 준다.
    d) 고객 요청에 따라 번역본 쿠란을 제공한다.

5.2.1.3 몸이 불편한 장애인 고객에게도 우호적 서비스를 제공한다.

5.2.2 식음료

5.2.2.1 주방은 관련 당국에 의해 할랄인증을 받아야 한다.

5.2.2.2 라마단기간중의 서비스정보를 제공하며, 여기에는 사후르와 이프타르[2] 시간을 포함한다.

5.2.3 무살라(Musalla, 공공 기도처)

5.2.3.1 시설내에 무슬림을 위한 공공 무살라를 설치해야 한다.

5.2.3.2 공공 무살라의 조건은 다음과 같다.

    a) 적합한 장소에 무살라를 설치하고 표식을 해야 한다.

    b) 무살라는 공기가 잘 통하게 하고 항상 깨끗이 관리한다.

    c) 관련 당국이 확인한 정확한 키블라방향을 표시한다.

    d) 남자와 여자를 위해 기도 장소를 분리한다.

    e) 충분한 수의 사짜다(깔개)를 준비한다.

    f) 요청하는 경우 기도시간에 대한 정보를 제공한다.

    g) 요청하는 경우 깨끗한 여성 기도복을 제공한다.

    h) 무살라 근처에 남녀 분리된 우두시설을 분리 설치한다.

5.2.4 공중화장실

    a) 화장실에는 비데와 비고정식 샤워 또는 호스를 설치한다.

    b) 화장실 바닥을 깨끗하게 관리되어야 한다.

    c) 개인 관리시설이나 화장품용품은 무슬림이 사용하기 적합해야 한다.

---

[2] 일출 전에 먹는 음식 Sahr와 일몰 후에 먹는 음식 iftar

5.2.5 오락 및 복지시설
    a) 오락 및 복지시설은 항상 깨끗이 관리한다.
    b) 화장실에는 비데 또는 비고정식 샤워기를 설치한다.
    c) 무슬림 우호적인 적합한 시설을 구비해야 한다.

5.3 투어 패키지

5.3.1 숙박시설: 여행 대리점은 앞의 5.2에 규정된 조건에 적합한 숙박시설을 포함한 투어 패키지를 제공한다.

5.3.2 지상 이동: 지상이동수단은 안전하고 규제조건에 부합해야 한다.

5.3.2.2 여행대리점이 여객수송을 외주에 맡길 경우, 하청기업이나 관련당사자가 본 표준의 규정에 따르도록 확실히 통제해야 한다.

5.3.3.3 요청을 하는 경우, 여성고객만을 따로 수송하는 패키지를 제공해야 한다.

5.3.3 관광상품의 선택

5.3.3.1 투어패키지에서 선택하는 여행 상품은 이슬람의 가치관을 반영해야 한다.

5.3.3.2 투어패키지에서 다음의 장소를 포함해서는 안 된다.
    a) 비할랄 또는 유사 제품을 제조하는 곳(양조장, 돼지고기 등)
    b) 도박장소
    c) 포르노
    d) 샤리아에서 허용할 수 없는 오락
    e) 무슬림 이외의 예배장소

f) 기타 샤리아에서 허용할 수 없는 활동

5.3.4 여행일정
여행일정에는 기도시간을 배정하고 라마단 기간 중에는 사후르와 이프타르의 일정을 잡는다.

5.3.5 관련시설
여행대리점은 여행 중 무살라, 화장실 등 시설을 적절히 배치하며 이러한 시설들이 깨끗한 상태로 유지될 수 있도록 해야 한다.

5.3.6 식음료
5.3.6.1 여행대리점은 관할 당국에서 할랄로 인증한 식음료를 제공해야 한다.
5.3.6.2 식음료가 포함되지 않은 패키지에서는 요청할 경우 인근의 할랄식당 목록을 제공해야 한다.

5.3.7 여행객 보호
패키지에는 샤리아에 부합하는 여행객 보호계획을 포함한다.

5.4 관광 가이드
5.4.1 자격증
관광 가이드는 가이드를 할 수 있는 적절한 자격증, 기술 및 언어능력을 보유하고, 해당지역에서 요구하는 모든 법적 기준을 충족시켜야 한다.

5.4.2 행동규범
관련 당국에 부과하는 윤리행동 및 행동규범을 따라야 한다.

5.4.3 복장

5.4.3.1 가이드는 관할 당국에서 요구하는 점잖고 전문적인 복장을 갖추어야 한다. 예를 들어 여성가이드는 두건을 쓰는 것이 좋다.

5.4.3.2 가이드는 이슬람의 가치관에 부합하는 예의범절을 준수한다.

5.4.4 무슬림 우호적 서비스

가이드는 다음에서 기술하는 것에 한정하지 않고 무슬림 우호적 서비스를 제공한다.

    a) 무슬림 관광객을 위한 기초지식
    b) 기도시간의 통보
    c) 기도를 할 충분한 시간
    d) 레스토랑이나 간이식당의 할랄인증 여부
    e) 할랄음식이 없는 경우 먹거리 리스트의 제공

6. 법률적 요구조건

말레이시아에서 시행되는 법률과 기타 조건에 부합하도록 제품과 서비스를 제공한다.

7. 율법에 합치

7.1 기업이 제공하는 제품과 서비스와 관련된 요구조건이 샤리아와 합치되어야 한다.

7.2 숙박시설에 있어서는 본 표준 5.2에 합치되어야 한다.

7.3 투어 패키지는 본 표준 5.3에 합치되어야 한다.

7.4 투어 가이드는 본 표준 5.4에 합치되어야 한다.

/ **부록 6** / 반추동물 및 가금류 도축시의 기절법 사용조건[1]

1) 일반요건
- 이슬람의 도축처리와 관련된 규정을 따라야 한다.
- 도축과정에서 살아 있거나 살아있다고 간주된 상태여야 한다.
- 기절법의 사용은 바람직하지 않지만 전기충격 또는 고압충격기절법은 허용할 수 있다.
- 기절장비를 사용하는 경우 잘 훈련된 무슬림의 감독 하에 시행하고 관할 당국의 정기적인 감독을 받아야 한다.
- 기절법으로 동물을 죽게 하거나 영구적인 불구의 상태로 만들어서는 안 된다.
- 무갈라자 나지스에 해당하는 동물의 기절에 사용된 장비는 할랄 도축에 사용되어서는 안 된다.

2) 전기충격 기절법
- 전기충격 기절법은 관할당국이 허가한 방법에 따라야 한다.
- 전기충격 기절법을 사용할 때는 반드시 '머리충격'만 해야 하며, 양 전극이 모두 머리 쪽을 향해야 한다.
- 가금류는 온수처리장치를 사용할 때만 전기충격이 가능하다.
- 훈련된 무슬림이 충격 강도에 대해 감독하며 관할 당국이 감독해야 한다.

3) 전기충격법의 사용지침

종류	중량(Kg)	전류(A)	전압(V)	통전시간(초)
닭	2.40~2.70	0.20~0.60	2.50~10.50	3.00~5.00
황소	300~400	2.50~3.50	300~310	3.00~5.00
어린 양		0.50~0.90		2.00~3.00

---

[1] 말레이시아 표준 MS 1500:2009의 Annex A

염소		0.70~1.00		2.00~3.00
양		0.70~1.20		2.00~3.00
송아지		0.50~1.50		3.00
숫소		1.50~2.50		2.00~3.00
암소		2.00~3.00		2.50~3.50
물소		2.50~3.50		3.00~4.00
타조		0.75		10.00

각주: 전압, 전류 및 통전시간은 관할당국이 동물의 종류, 무게, 기타 요소를 고려하여 결정함.

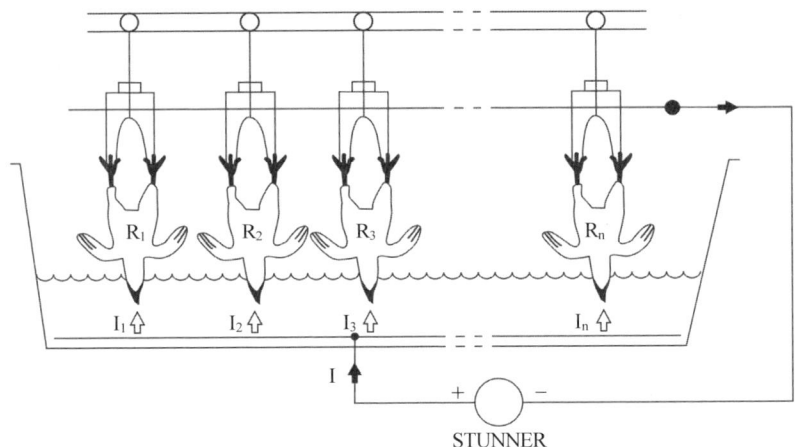

/ **그림 1** / 가금류의 전기충격 방법

4) 고압충격 기절법 사용지침

- 고압충격법은 모든 소과의 동물에게만 사용됨
- 공기총의 압력은 225 psi를 넘어서는 안 되며, 동물을 기절시킬 최소한을 유지한다.
- 공기총의 충격봉이 평평하거나 약간 볼록해야 한다.
- 충격봉이 총열 밖으로 3mm 이상 튀어나오지 않도록 한다.
- 도축되는 동물은 충격 전에 머리를 고정시켜야 한다.
- 공기총의 중심이 동물의 눈과 귀를 이은 두선의 중간지점을 향해야 한다.

- 총구는 앞머리 뼈에 수직으로 한다.
- 단 일격에 기절시켜야 한다.

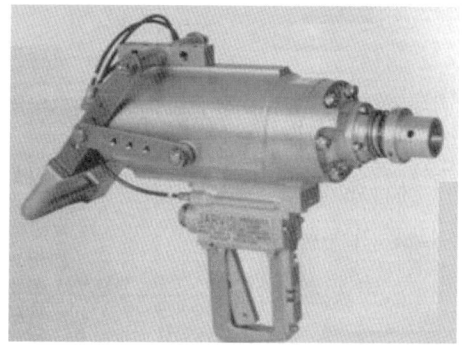

/ **그림 2** / 고압 공기총

/ **그림 3** / 가축의 두개골과 타격위치

/ 부록 7 / 나지스(무갈라자)의 샤리아 세척의례[1]
Method of ritual cleansing according to Shariah law for najs almughallazah

1) 일반요건
- 나지스는 눈에 보이든 눈에 보이지 않던 모든 것을 말하며 후크미아(hukmiah)라고 한다.
- 나지스를 세척하기 위해서는 다음과 같이 한다.
    a) 7번을 세척하되 그중 한번은 흙을 포함해야 한다.
    b) 몇 번의 세척을 거친다고 하더라도 첫 번째 세척으로 나지스를 제거하도록 한다. 첫 번째 세척한 물이 완전히 없어져야 하며, 그렇게 해야 다음 세척을 두 번째 세척으로 인정한다.
    c) 사용하는 흙의 양은 남을 정도로 충분해야 한다.
    d) 세척에 사용된 흙이 식품에 있더라도 상관없다.

2) 흙의 요건
흙의 요건은 다음과 같다.
    a) 흙이 나지스여서는 안 된다.
    b) 폭우가 내리는 경우를 제외하고, 세정용으로 사용된 흙(무스타말, mustamal)은 사용하면 안 된다.

3) 물의 요건
물의 요건은 다음과 같다.
    a) 천연수(무트라끄, mutlaq)여야 한다.
    b) 세정용으로 사용된 물(무스타말, mustamal)[2]은 안 된다.
    c) 나지스여서는 안 된다.

---

[1] MA 1500:2009의 Annex B
[2] 무스타말 물이란 약 192리터 이하의 물로 몸세척에 사용된 물을 말한다.

참고문헌

〈국내자료〉

공이철,「국제시장에서의 할랄산업의 가치와 한국기업의 할랄 시장 진출을 위한 탐색적 연구」, 부산대학교 2012.

김용운, "말레이시아 이슬람법의 파트와에 관한 고찰",『법학연구』제 53권 제2호 부산대학교, 2012.5.

김종도·최영길 "신앙과 음식: 이슬람 음식법에 관한 연구",『한국중동학회 논총』제34권 제4호, 한국중동학회, 2014.

나희량, "말레이시아 이슬람금융",『아시아리뷰』제2권 제2호, 서울대학교 아시아 연구소, 2011.

농림축산식품부 보도자료, "중동 할랄식품시장에 우리 농식품 본격 수출 계기 마련" 2015.3.5

농수산물유통공사, "할랄식품 시장진출로 거대 무슬림시장 공략",『aT Focus』Vol.02, 2012.

농수산물유통공사 식품수출정보팀『무슬림 식품시장 진출을 위한 할랄식품 시장조사 – 인도네시아, 말레이시아』, 2011.

류모세,『이슬람 바로보기』, 두란노서원, 2015.

삼정KPMG 경제연구원, "글로벌식품신시장'할랄(Halal)",『Issue Monitor』, 2015

송도영, "한국내 이슬람 음식의 소비방식과 공급체계에 대한 문화적 해석",『한국중동학회 논총』, 제32권 제1호, 한국중동학회, 2011

손태우, "샤리아(이슬람법)의 法源에 관한 연구", 부산대학교『법학연구』, 제54권 제1호. 2013.

손태우·김분태·정태우, 이슬람보험(타카풀)의 국내도입을 위한 법적 연구, 경북대학교 법학연구원,『법학논고』, 제46집, 2014.

아워홈식품연구원, 할랄 시장에서 한식의 인식과 한식 할랄제품 개발현황, 한국 외식산업학회 춘계학술대회, 2014.
엄익란, 『신이 허락한 음식만 먹는다』, 한울, 2011.
_____, 『이슬람 마케팅과 할랄 비즈니스』, 한울, 2014.
윤서영, "국제 할랄 시장 동향 및 시사점:말레이시아와 UAE를 중심으로", KIEP 지역경제포커스, Vol.8, No.25, 대외경제정책연구원, 2014. 5.
이동훈, "베일에 가려진 16억 무슬림 시장 공략법", SERI경영노트 제79호, 삼성경제연구소, 2010.
이서영, 『이슬람권 시장 진출을 위한 할랄 인증제도 연구』, 한국법제연구원, 2012.
이슬람연구소, 『아시아의 무슬림 공동체』, 예영커뮤니케이션, 1998.
이원복, 『신의 나라 인간나라 - 세계종교편』, 두산동아, 2002.
이희수, 『이희수교수의 이슬람』, 청아출판사, 2011.
_____, 『어린이 이슬람 바로 알기』, 청솔출판사, 2001.
이희열·정장호, 할랄 인증제도와 할랄 인증 강화에 따른 우리의 과제, 『中東硏究』 제33권 1호, 2014.
이희열·김수완·썬앳푸드, "할랄식품에 대한 현지 소비자 인식 및 수출활성화방안", 한국외식산업학회 춘계학술대회, 2014.
채경연·이희열, "방한 이슬람 관광시장 증진을 위한 할랄 투어리즘 도입방안에 관한 연구",
카렌 암스트롱 저/장병옥 역, 『이슬람』, 을유문화사, 2014.
최영길 역, 『의미번역 꾸란 한국어판』, 파하드 국왕 꾸란 출판청, 년도.
한국관광공사, 『무슬림 관광객 유치 안내서』, 2015.1.
_____, 『Muslim Friendly Restaurants in Korea』, 2015.1.
대한무역투자진흥공사, "이슬람의 최대 종교행사 라마단과 비즈니스 시사점", 2010.
한국할랄산업연구원, 할랄컨설턴트 양성교재, 2015.3.
한동훈·이원삼·안수연, "이슬람법이론 및 금융법제", 『비교법제연구』, 한국법제연구원, 2009.
해리스 이르판 저/강찬구 역, 『이슬람 은행에는 이자가 없다』, 처음북스, 2015.

한석우, 『이슬람의 최대 종교행사 라마단과 비즈니스 시사점』, KOTRA 심층보고서, 2010.

홍성민, 『이슬람금융과 이슬람채권 수쿡, (sukūk)』, 중동경제연구소, 2011. http://www.hopia.net/kime

홍익희, 『세 종교이야기』, 행성B잎새, 2014.

〈외국자료〉

Ahmed, Habib(2006). "Islamic Law, Adaptability and Financial Development", Islamic Economic Studies, Vol. 12, No.2, pp,79-101

Ataullah, S. (1997). "Ethics in Islam: Key Concepts and Contemporary Challenges". Journal of Moral Education, 26(4), pp.423-432.

Bonne, K., & Verbeke, W.(2008) "Religious values informing halal meat production and the control and delivery of halal credence quality". Agriculture and Human Values, 25, pp.35-47.

CIA (2015). Central Intelligence Agency, The World Factbook. https://www.cia.gov/library/publications/the-world-factbook/

Cihan Kaan,(2011). 「Halal Pork and other Stories」, Upset Press Inc.

Denny, F. M.(1975). "The Meaning of "Ummah" in the Qur'ān", History of Religions, 15(1), pp.34-70.

Department of Standards Malaysia, MS 1500:2009.
_____, MS 1900:2005.
_____, MS 2200:Part1:2008.
_____, MS 2200:Part2:2012.
_____, MS 2400-1:2010
_____, MS 2400-2:2010
_____, MS 2400-3:2010
_____, MS 2424:2012
_____, MS 2610:2015.

Halim, V., & Mohd Mahyeddin Mohd Salleh(2012). "The Possibility of

Uniformity on Halal Standards in Organization of Islamic Countries (OIC) Country". World Applied Sciences Journal, pp.6-10.

Hashim, D. D.(2010). "The Quest for a Global Halal Standard". Meat industry Association of New Zealand (Inc) Annual Conference. pp.19-20.

Ismoyowati, D.(2015). "Halal Food Marketing: A Case Study on Consumer Behavior of Chicken-based Processed Food Consumption in Central Part of Java, Indonesia", Agriculture and agricultural science procedia, v.3, pp.169-172.

Jafari, J., & Scott, N.(2014). "Muslim World and its tourisms", Annals of Tourism Research, 44, pp.1-19.

LPPOM MUI, General Guidelines of Halal Assurance System, 2008.

Melissa, W., & Hassan, W.(2007). "Globalising Halal Standards: Issues and Challenges", The Halal Journal, July-August, pp.38-40.

Nakyinsige, K., Man, Y. B .C., & Sazili, A. Q.(2012). "Halal authenticity issues in meat and meat products", Meat Science, Vol.91, No.3, pp.207-214

Omar, E. N., & Jaafar, H. S.(2011). "Halal supply chain in the food industry - A conceptual model", Business, Engineering and Industrial Applications (ISBEIA), 2011 IEEE Symposium, pp.384-389.

Riaz, M. N. (2010). "Fundamentals of halal foods and certification". Prepared foods, 179, pp.71-76.

Wan-Hassan, W. M.(2007). "Globalizing Halal Standards: Issues and Challenges". The Halal Journal, (July/August), pp.38-40.

Halal Industry Development Corporation, 「ハラル市場とその 展望」 PPT자료.

ハラルマ-ケット.チャレンジ.プロジェクト編, 「ハラルマ-ケットがよくわかる本」, 總合法令出判, 2013

並河良一(2013). 「ハラル食品マ-ケトの手引き」, 日本食糧新聞社, 平成25年.

並河良一(2012). 「ハラル制度の概要·實務と市場開拓のハ―ドル」, 食品産業海外事業活動支援センター.

森下翠惠/武ハ井ラ 泉(2014). 「ハラル認證取得 ガイドブック」,東洋經濟.

財團法人 食品産業センター「マレーシアHALAL 制度の概要」

惠島良太郎(2014). 「ハラルビジネス入門」, 幻冬舎ルネッサンス.

〈인터넷 참조 사이트〉

http://bdkorea.tistory.com/305

http://blog.naver.com/nanbigbang/80194176344

http://blog.naver.com/gkh2441

http://blog.naver.com/PostList.nhn?blogId=arabickorea

http://blog.president.go.kr

http://en.wikipedia.org

http://halalmaps.com

http://www.agrinet.co.kr

https://www.cia.gov/library/publications/resources/the-world-factbook

http://www.codexalimentarius.net

http://www.comcec.org

http://www.crescentrating.com

http://en.wikipedia.org

http://english.visitkorea.or.kr/e_book/ecatalog.jsp?Dir=436&catimage=&eclang=english

http://english.visitkorea.or.kr/enu/GK/GK_EN_2_7_4.jsp

http://www.cicot.or.th

http://www.fao.org/docrep/003/X6909E/x6909e00.htm

http://www.fao.org/docrep/005/Y2770E/y2770e08.htm#fnB28

http://www.globalwindow.org

http://www.hani.co.kr/arti/economy/economy_general/686499.html

http://www.halal.gov.my

http://www.halal.sg

http://www.halalmui.org

http://www.hdcglobal.com

http://www.hopia.net/kime

http://www.icckorea.net
http://www.ihialliance.org
http://www.mafra.go.kr
http://www.mofa.go.kr
http://www.msonline.gov.my
http://www.pewresearch.org
http://www.koreaislam.org
http://www.sirim.my
http://www.smiic.org
http://www.qiblalocator.com

용어설명

가라르 불확실(uncertainty), 위험(risk)이나 투기(speculation) 등으로 번역되고 있으며, 요행을 바라는 즉 결과가 불확실한 모든 거래를 의미한다. 샤리아에서는 도박(Qimar)과 이자(riba)와 함께 금기시된다.

걸프협력회의 GCC Gulf Cooperation Council의 약어로서 1979년 이란혁명과 소련의 아프가니스탄 침공에 따른 위기감을 배경으로 1981년 5월에 설립되었다. 이후 페르시아만의 아랍산유국이 경제·안전보장 등 각 분야에서 역내 협력을 강화하고 있으며, 참가국은 사우디아라비아, 쿠웨이트, 아랍에미리트연방, 카타르, 오만, 바레인 등 6개국이다.

구슬 우두(wudu)가 예배 전 행하는 부분세정을 의미한다면, 구슬은 부정한 행위, 즉 성교, 사정, 월경 등의 행위 시에 행하는 전신 목욕을 뜻한다.

구피 타끼야(Taquiyah)라고도 하며 둥근 형태의 하얀색 모자를 말한다.

국제할랄박람회 MIHAS Malaysia International Halal Showcase의 약어로 해마다 말레이시아에서 세계 최대의 할랄박람회가 개최된다. 2016년에 제13회 박람회가 예정되어 있다.(www.mihas.com.my)

나지스 돼지나 개 그리고 그 새끼 등 샤리아에서 부정(不淨) 또는 불결한 것을 말한다.

니야 알라의 명령에 따라 행위를 하고 있다는 어떤 뚜렷한 목적의식을 말한다.

다비하 이슬람식 도살방법으로 기도문을 외우고, 머리를 메카방향으로 하여 식도, 기관지 및 경동맥·경정맥 등을 단칼에 절단하여 도살하도록 하고 있다.

무칼라프 온전한 정신을 갖고 샤리아의 규정을 따르며 이슬람의 계시를 따라야 하는 성인(成人)을 말한다.

라마단 회교력으로 9월을 말하며, 라마단 기간에는 동틀 녘에 햇살이 보이기 시작하는 순간부터 해가 수평선 아래로 완전히 저물 때까지 음식, 음료, 흡연, 성행위 등이 모두 금지된다.

리바 대금이나 물건을 빌려주고 받는 댓가인 이자를 말한다. 샤리아에 의해 이자, 도박, 투기 등이 금지되기 때문에 금융거래에서 손익분배제도(PLS : Profit and Lose Sharing)의 개념을 도입하여 대출자나 차입자가 이익이 발생하던 손해가 발생하던 공동투자자의 입장에 처하게 된다.

마쉬부흐　할랄인지 하람인지 불명확하고 의심스러운 것을 말하는 것으로 이러한 제품이나 물질 또는 행동은 피해야 한다.

마크루흐　흡연, 게으름, 이혼 등 피해야 할 것으로 비난의 대상되므로 삼가 해야 하지만 이런 행위를 행해도 처벌받지는 않으나 하람(금기)로 간주된다.

만두브　무슬림에게 허용된 것으로 실천하면 보상을 받지만 태만할 경우에도 처벌을 받지 않는 권장행위를 말한다. 예를 들어 자발적인 순례나 추가예배 등을 말한다.

무갈라자　정도가 무거운 나지스(부정)로서 돼지나 개 자체와 그 배설물 그리고 그 새끼 및 파생물을 말한다.

무라바하　이슬람금융 중 소비자금융 또는 할부금융에 해당하며 은행이 고객을 대신해 물품을 구매한 후 마진을 붙여 재판매하고, 고객은 일정기간 후 대금과 마진을 납부하고 소유권을 이전받는다.

무샤라카　이슬람금융의 한 종류로서 일반적인 합작투자(Joint Venture)혹은 합자 회사와 유사하며 은행과 고객이 공동으로 사업자금을 출자하여 지분참여를 하고 함께 경영을 한다.

무카파파　정도가 가벼운 나지스로서 유일하게 이에 해당되는 것은 모유만 먹은 2살 이하의 남아의 오줌이 있다.

미너렛　이슬람교의 사원의 외부에 설치하는 첨탑을 말한다.

사다까　무슬림의 5대 의무중 하나인 희사(기부) 가운데 자발적 희사하는 것을 말한다.

사쨔다　예배를 행할 때 무슬림이 사용하는 깔개이다.

사움　금식월인 라마단기간 중의 단식을 말한다.

사후르　단식기간 중 일출 전에 무슬림이 먹는 음식을 말한다.

살라트　무슬림의 5대 의무중 하나로 하루 다섯 차례에 걸친 의무적인 예배를 말한다.

샤리아　이슬람 성전인 쿠란과 무함마드 언행록이 하디스 등을 바탕으로 한 이슬람 법체계를 말하며, 그 뜻은 "따라가야 할 길" 또는 "물이 나오는 곳으로 인도하는 길"이라는 의미이다.

샤하다　신앙고백으로 아랍어로 '라일라 일랄라, 무함마드 라술라(나는 알라 이외는 신이 없음을 증언합니다. 또한 나는 무함마드가 알라의 사자(死者)임을 증명합니다)'라고 한다.

순나　관례, 관습, 관행이라는 의미로 예언자 무함마드의 종교적인 생활방식과 관행을 이르는 말이다.

우두　예배에 앞서 신체의 일부를 씻는 부분세정을 말한다.

우무라 순례기간 이외의 자발적인 순례를 말한다.

이만 이슬람의 6대 신앙 즉 하느님, 천사, 성전, 사도, 최후의 심판 및 정명 등을 모두 신봉하는 자를 말한다.

이맘 종교적 지도자 또는 예배의 집전자를 의미하는데 수니파에서는 예배의 집전을 행하는 원로 무슬림으로서의 역할을 담당하지만, 시아파에서는 정치와 종교를 아우르는 최고지도자의 역할을 담당한다.

이자라 리스(임대)방식으로 은행이 고객을 대신해 물품을 구입한 후 일정기간 동안 사용료를 받는 금융방식이다.

이즈마 이슬람 학자들이 논의를 통해서 이슬람 율법에 대한 합의를 하는 것을 말한다.

이프타르 금식월인 라마단 기간 중 일몰 이후에 처음으로 행하는 식사를 말한다.

이흐람 이슬람교도가 성지순례를 하기 전에 갖추어야 하는 신성한 상태를 말하거나 순례복을 의미한다.

울라마 이슬람 학문과 그 실천에 정통한 신학자, 법학자, 법관 등으로 구성되어 이슬람율법에 대한 합의를 행한다.

움마 이슬람교를 믿는 사람들의 모임 또는 공동체를 의미한다.

자카트 기부 또는 희사로 번역되며, 무슬림의 5대 의무 중 하나이다. 대개 일년에 2.5%를 기부한다.

주흐르 5번의 예배 중 두 번째로 정오에 이루어진다.

지하드 성전(聖戰)이라는 뜻으로, 이슬람교의 신앙을 전파하거나 방어하기 위하여 벌이는 이교도와의 투쟁을 이르는 말이다. 시아파에서는 무슬림의 5대 의무에 지하드를 포함하여 6대 의무를 주장하고 있다.

카아바 사우디아라비아의 메카의 신전이다. 모든 기도방향(키블라)은 카아바를 중심점으로 하고 있다.

칼리파 '뒤따르는 자'라는 뜻의 아랍어로 무함마드가 죽은 후 움마(이슬람 공동체)에서 이슬람 국가의 최고지도자 또는 최고의 종교 권위자에 대한 칭호이다. 칼리프로 부르기도 한다.

키마르 투기(speculation)나 도박(gambling)을 의미하며, 샤리아에서 이자(riba)와 함께 금기되고 있다.

키블라 전 세계 무슬림의 기도방향을 말하며, 메카의 카아바 신전을 가르킨다.

키야스 할랄과 하람을 구별함에 있어 샤리아에 규정되지 않은 경우에 샤리아를 유추적용하는 것을 말한다.

타이얌뭄 깨끗한 물을 얻을 수 없거나 몸에 상처 등이 있어 물을 만질 수 없는 상태에서 깨끗한 모래나 흙으로 세정을 대신하는 것을 말한다.

타카풀 이슬람법에 이자나 투기 등을 금지하기 때문에 사망 시 거액을 받는 형태의 보험계약은 불가능하고 상호부조의 원칙으로 마련된 이슬람 보험이다.

파르드 무슬림으로서 반드시 해야 할 의무를 말한다. 예배, 단식, 성지순례와 같이 5대 의무 등을 말하며, 이것을 행하면 알라의 보상을 받지만, 행하지 않으면 벌을 받게 된다고 한다.

파즈르 5번의 예배 중 첫 번째 예배로 새벽에 이루어진다. 대략 일출 전 1시간 반 전에 이루어진다.

파트와 종교지도자 또는 이슬람 학자들의 모임인 울라마에서 이슬람 율법적인 문제에 대하여 내린 결정이나 해석을 말한다.

하디스 예언자 무함마드가 종교적으로 행한 언행록을 말한다. 쿠란에 이어 샤리아의 제2법원(法源)으로서의 역할을 한다.

하람 무슬림에게 금기되어 있는 것을 말한다.

하지 사우디아라비아의 메카를 성지순례하는 것을 말한다. 모든 성인 이슬람교도는 남녀를 막론하고 일생에 적어도 한 번은 순례해야 한다.

할랄 무슬림에게 허용된 것을 말한다. 음식뿐만 아니라 모든 의식주와 생활규범에 적용되는 개념이다. 특별히 하람으로 정의되지 않은 경우에는 할랄로 간주한다.

할랄인증, 황금열쇠인가?

1판1쇄 발행 2015년 11월 30일

지 은 이 황중서
펴 낸 이 김진수
펴 낸 곳 **한국문화사**
등   록 1991년 11월 9일 제2-1276호
주   소 서울특별시 성동구 광나루로 130 서울숲 IT캐슬 1310호
전   화 02-464-7708
전   송 02-499-0846
이 메 일 hkm7708@hanmail.net
홈페이지 www.hankookmunhwasa.co.kr

책값은 뒤표지에 있습니다.

잘못된 책은 바꾸어 드립니다.
이 책의 내용은 저작권법에 따라 보호받고 있습니다.

ISBN 978-89-6817-306-6   93320

이 도서의 국립중앙도서관 출판예정도서목록(CIP)은 서지정보유통지원시스템
홈페이지(http://seoji.nl.go.kr)와 국가자료공동목록시스템(http://www.nl.go.kr/kolisnet)에서
이용하실 수 있습니다.(CIP제어번호: CIP2015031768)

이 책은 한국출판문화산업진흥원의 2015년 <우수 출판콘텐츠 제작 지원 사업> 선정작입니다.